中国合作经济发展研究报告
(2022年)

主　编　李　想　于志慧
副主编　赵守飞　汪　雷　王刚贞

中国商业出版社

图书在版编目(CIP)数据

中国合作经济发展研究报告.2022年 / 李想,于志慧主编. —— 北京：中国商业出版社,2022.9
ISBN 978—7—5208—2161—2

Ⅰ.①中… Ⅱ.①李…②于… Ⅲ.①中国经济－合作经济－研究报告－2022 Ⅳ.①F121.24

中国版本图书馆 CIP 数据核字(2022)第 139253 号

责任编辑:李 飞

(策划编辑:蔡 凯)

中国商业出版社出版发行

(www.zgsycb.com 100053 北京广安门内报国寺 1 号)
总编室:010—63180647　编辑室:010—83114579
发行部:010—83120835/8286

新华书店经销

北京军迪印刷有限责任公司印刷

*

787 毫米×1092 毫米　16 开　7.5 印张　120 千字
2022 年 9 月第 1 版　2022 年 9 月第 1 次印刷

定价:68.00 元

* * *

(如有印装质量问题可更换)

中国合作经济发展研究报告(2022年)编委会

主　　任　丁忠明　冯德连
副 主 任　秦立建　方　鸣
委　　员　（以姓氏笔画为序）
　　　　　丁忠明　于志慧　王刚贞　方　鸣
　　　　　冯德连　刘从九　刘　敏　刘　巍
　　　　　李　想　李　浩　张雪东　周万怀
　　　　　秦立建　唐　敏　徐守东　徐冠宇
　　　　　梁后军　董晓波
秘　　书　徐冠宇

编写人员

主　　编　李　想　于志慧
副 主 编　赵守飞　汪　雷　王刚贞
参编人员　董晓波　刘　敏　刘　巍

前　言

《中国合作经济发展研究报告（2022年）》由五个部分组成：农民专业合作社发展研究报告；中国供销合作社发展研究报告；中国农村信用社发展研究报告；农村资金互助社发展研究报告；其他类型合作经济组织发展研究报告。

通过分析我国合作经济发展情况，总的来看，我国合作经济发展主要体现出以下几个方面的特点：一是我国合作经济发展总体仍保持快速发展的态势，但增速有所放缓，高质量发展已成为发展方向。各类合作经济组织在创新农业生产经营体制机制、发展现代农业、活跃城乡流通、完善商品流通体系、增加农民收入、推动乡村振兴、加快城乡融合发展中发挥了重要作用。二是不同类型合作经济组织并存共同发展的态势越来越明显，但发展仍表现出不平衡态势。农民专业合作社发展势头仍然很快，截至2021年4月，全国依法登记的农民专业合作社总数达225.9万家，组建联合社超过1.4万家，深入推进国家级、省级、市级、县级示范社四级联创，县级以上示范社近16万家，国家示范社超过9000家；中国供销合作社持续深化综合改革，内生动力和发展活力显著增强；农村信用合作社网点逐年增加，所提供的涉农贷款也逐年增长，依然是农村金融中的主力军；其他类型合作经济组织发展相对缓慢。三是不同地区之间合作经济组织发展快慢有别。东部地区发展较快，实力较强，影响力较大；中西部地区增速较快，但实力和影响力仍然较弱。四是我国合作经济发展就总体而言仍处于初级阶段，不同地区、不同类型合作经济组织都或多或少存在不够规范、政策支持不到位等诸多问题,规范发展、提升质量势在必行。

　　针对我国合作经济发展中存在的问题,我们认为:一是要加强合作经济理论研究。深入研究中国特色合作经济理论、道路和制度,宣传合作社文化,弘扬合作社精神,尤其是要宣传实践中涌现出的典型规范的合作社,以起到影响、带动和示范作用。二是要积极推动修改完善实施合作社相关法律制度。2018年7月1日,已正式实施修订后的《农民专业合作社法》,规范发展和高质量发展农民专业合作社,是今后一个时期的首要任务;同时,应认真学习习近平总书记对供销合作社工作作出的重要指示精神,在充分调研的基础上,尽快出台《供销合作社条例》,争取早日出台《合作社法》,以推动各类合作经济组织有法可依、规范发展,从而实现健康可持续的高质量发展。三是要大力兴办合作社教育,搭建产、学、研协同创新平台,理论联系实际,培养人才,以满足中国特色合作经济事业蓬勃发展的需要。

　　本报告是集体合作的成果,分工如下:第一部分由董晓波编写;第二部分由李想编写;第三部分由于志慧编写;第四部分由赵守飞、汪雷编写;第五部分由刘敏编写;最后由李想、于志慧统稿。研究生苏耀庭、高秀、汪洋、张曜等做了大量优秀的助研工作。在本报告编写过程中,得到了安徽财经大学分管领导和学校科研处领导的大力支持和帮助,在此一并表示感谢。

作　者
2022年6月

目　录

第一部分　农民专业合作社发展研究报告……………………………（1）
　一、农民专业合作社的总体概况 ………………………………………（1）
　二、农民专业合作社在促进农村经济社会发展中的重要作用 ………（5）
　三、农民专业合作社发展中存在的问题 ………………………………（6）
　四、农民专业合作社发展的对策 ………………………………………（9）

第二部分　中国供销合作社发展研究报告…………………………（12）
　一、全国供销合作社发展现状分析 ……………………………………（12）
　二、全国供销合作社改革发展中存在的主要问题 ……………………（24）
　三、加快全国供销合作社改革发展的对策建议 ………………………（27）

第三部分　中国农村信用社发展研究报告…………………………（33）
　一、农村信用社合作制的曲折历程 ……………………………………（33）
　二、县级农村信用社改革进展 …………………………………………（35）
　三、省联社改革进展 ……………………………………………………（50）
　四、农村信用社发展对策 ………………………………………………（60）

第四部分　农村资金互助社发展研究报告…………………………（64）
　一、基层党组织推动村社农民资金互助合作社建设的路径分析 ……（64）
　二、农村资金互助合作社典型案例分析 ………………………………（68）

第五部分　其他类型合作经济组织发展研究报告…………………（75）
　一、农村合作医疗 ………………………………………………………（75）
　二、土地流转合作社 ……………………………………………………（79）
　三、测土施肥合作社 ……………………………………………………（83）
　四、劳务合作社 …………………………………………………………（84）
　五、农业保险合作社 ……………………………………………………（86）

目 录

六、住宅合作社…………………………………………………………(89)
七、消费合作社…………………………………………………………(91)
八、乡村旅游合作社……………………………………………………(94)
九、全国手工业合作社…………………………………………………(95)
十、社区股份合作社……………………………………………………(99)
十一、农产品商务合作社………………………………………………(101)
十二、中国工合国际……………………………………………………(103)

附录一　农民专业合作社相关政策……………………………………(104)
附录二　国家有关农村金融重大文件和法规演变……………………(106)
参考文献…………………………………………………………………(110)

第一部分　农民专业合作社发展研究报告

一、农民专业合作社的总体概况

(一)农民专业合作社的数量

截至 2021 年 4 月底,全国依法登记的农民专业合作社总数达 225.9 万家,组建联合社超过 1.4 万家。农民专业合作社总数量仍在不断增加,但增长速度有所放缓(见图 1—1 和图 1—2)。

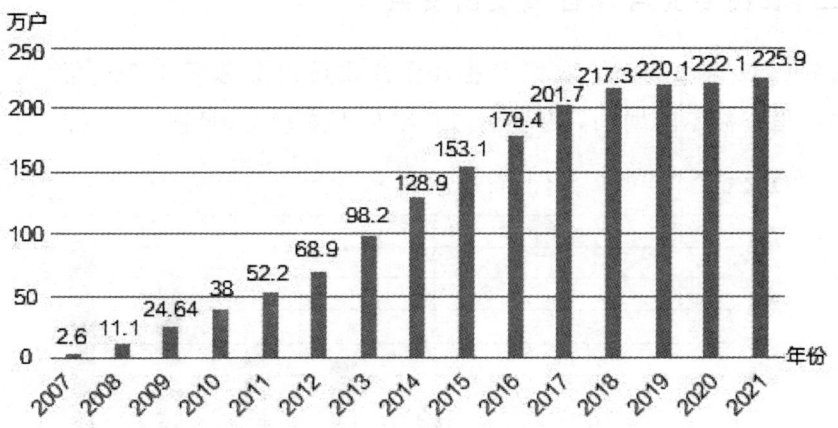

图 1－1　农民专业合作社数量

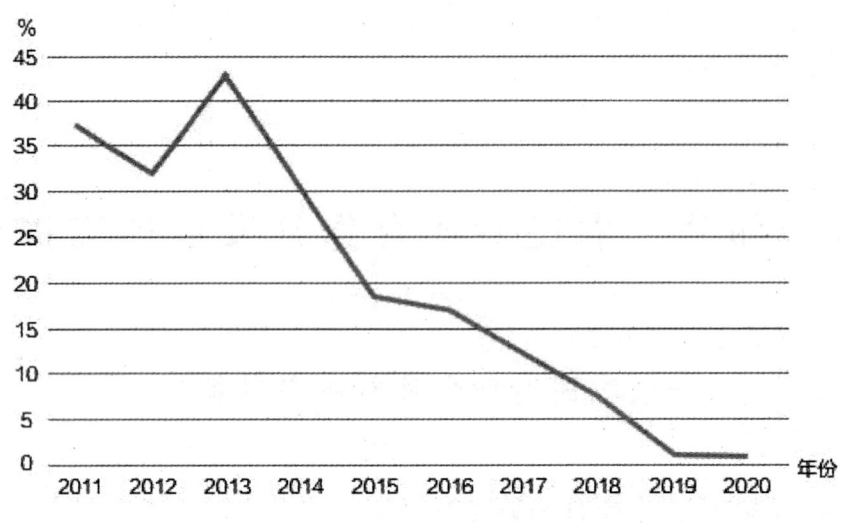

图1-2 农民专业合作社数量年增长率

我国农民专业合作社已逐步从数量增长向高质量增长转变,逐步朝制度规范、经营高效、分配合理、创新发展方向迈进。

(二)农民专业合作社成员出资额

截至2018年2月底,农民专业合作社成员出资总额46768亿元。农民专业合作社出资额不断增加,出资额增长率呈下降趋势(见图1—3)。

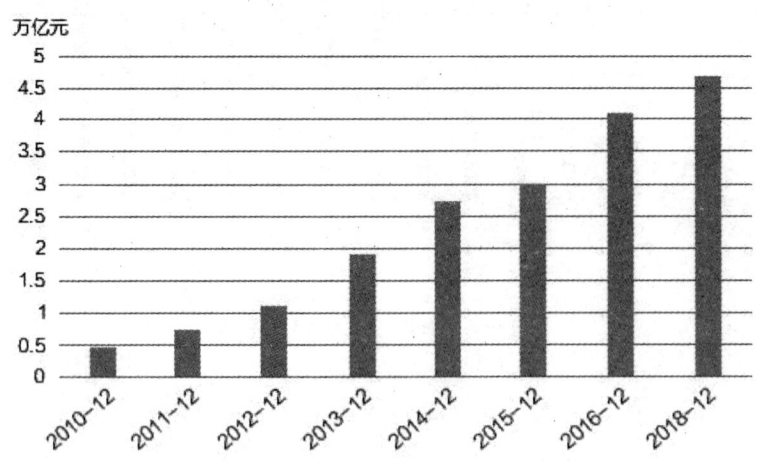

图1-3 农民专业合作社成员出资总额

农民专业合作社户均成员出资额可在一定程度上体现农民专业合作社个体的运营能力。2010—2014年,户均成员出资额逐年增长;2015年稍回落到195.95万元,较上年降低7.5%;2016年再创新高,达到228.5万元。2011—2016年,农民专业合作社户均成员出资额平均年增长率为11.95%(见图1—4)。

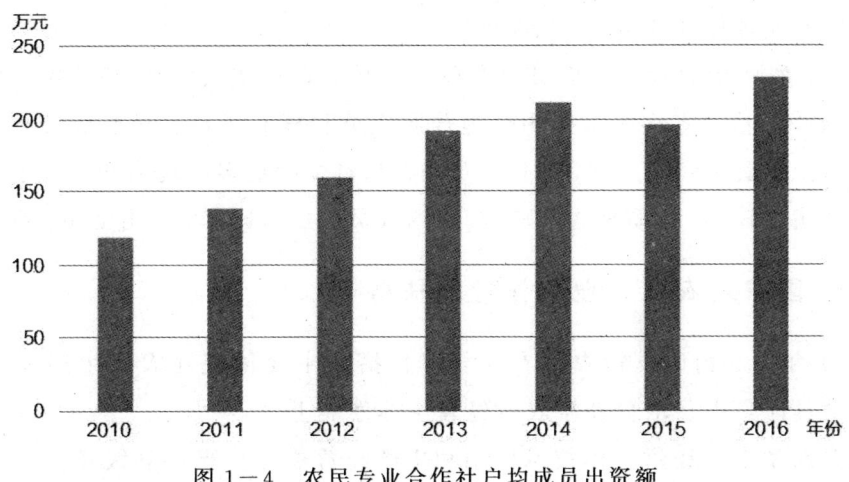

图1—4　农民专业合作社户均成员出资额

与其他市场主体相比,在体现资本实力的户均出资额方面,农民专业合作社低于外商投资企业和私营企业,高于个体工商户(见图1—5)。

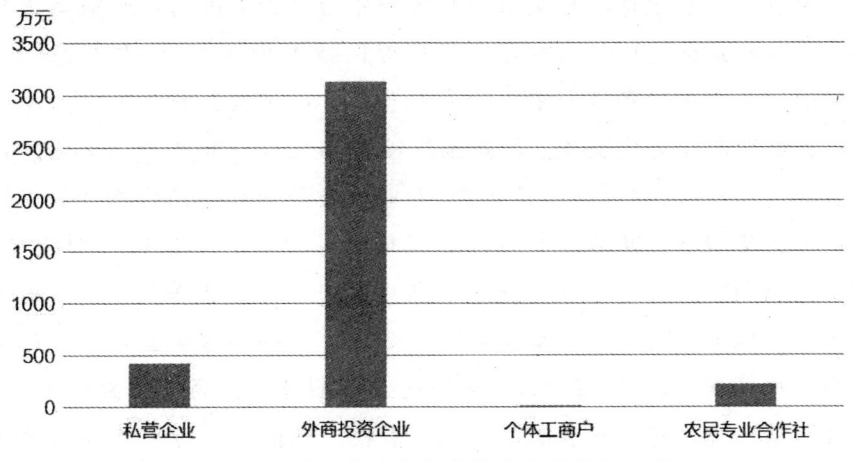

图1—5　全国各类市场主体户均出资额比较

(三)农民专业合作社成员数

按照《农民专业合作社法》的要求,成员中农民成员数量比例应不低于80%。2009—2018年,农民专业合作社成员总数处于上升趋势。截至2019年底,农民专业合作社成员6682.8万个。

目前,农民专业合作社成员以农民为主体,农户成员占比95.4%。我国农民专业合作社成员在实际运营中分为普通成员和核心成员。核心成员对合作社实施"共有、共管、共享"制度,普通成员与合作社之间更多体现为交易关系。核心成员数量占比较小,出资额占比较大;普通成员数量占比较大,出资额占比较小。

(四)国家对农民专业合作社的扶持

2022年中央财政支持农民专业合作社措施主要体现在农业生产发展资金项目中,具体集中在培育新型农业经营主体发展上。

提升新型农业经营主体技术应用和生产经营能力。支持县级及以上农民专业合作社示范社和示范家庭农场改善生产经营条件,规范财务核算,应用先进技术,推进社企对接,提升规模化、集约化、信息化生产能力。着力加大对从事粮食和大豆油料种植的家庭农场和农民专业合作社、联合社支持力度。鼓励各地加强新型农业经营主体辅导员队伍和服务中心建设,可通过政府购买服务方式,委托其为家庭农场和农民专业合作社提供技术指导、产业发展、财务管理、市场营销等服务。鼓励各地开展农民专业合作社质量提升整县推进。

推广农业生产社会化服务。聚焦围绕粮食和大豆油料生产,支持符合条件的农民专业合作社、农村集体经济组织、专业服务公司和供销合作社等主体开展农业生产社会化服务,推动服务带动型规模经营发展。要根据资源禀赋、产业特点、劳动力转移程度、农业机械化水平和小农户生产需求等因素,因地制宜确定补助方式与标准,加强与其他农业生产支持政策的衔接配套,支持各类服务主体集中连片开展单环节、多环节、全程托管等服务,提高技术到位率、服务覆盖面和补贴精准性,推动节本增效和农民增收。推进北斗导航作业监测终端安装与应用,探索将监测数据作为作业补助面积核定、相关补贴资金发放等工作的重要参考依据。

二、农民专业合作社在促进农村经济社会发展中的重要作用

(一)农民专业合作社成为乡村振兴重要的组织载体

党的十九大报告提出"实施乡村振兴战略",并指出"必须始终把解决好'三农'问题作为全党工作重中之重"。要坚持农业农村优先发展,按照"产业兴旺、生态宜居、乡风文明、治理有效、生活富裕"的总要求,建立健全城乡融合发展体制机制和政策体系,加快推进农业农村现代化"。

习近平总书记2018年在全国"两会"期间指出,实施乡村振兴战略必须做到"五个振兴",即产业振兴、人才振兴、文化振兴、生态振兴和组织振兴。这为我们实施好这一划时代的伟大战略提供了根本遵循。2020年8月22日下午,在吉林省考察调研的习近平总书记指出,合作社的路子怎么走,我们一直在探索,要鼓励全国各地因地制宜发展合作社,探索出更多专业合作社发展的路子来。

农民专业合作社在乡村振兴中的重要体现是有利于促进乡村产业振兴。作为农业新型经营主体,农民专业合作社在以下三个方面促进乡村产业振兴。一是农民专业合作社发展新产业,例如,特色农产品、特色乡村游、农产品深加工等;二是农民专业合作社培育新农民,组织和带动农民学习新技能、熟悉新产业、接触新事物;三是农民专业合作社采用新技术,产业振兴必然要有新科技的促进,乡村振兴也必然是在科技促进下的乡村振兴。

(二)农民专业合作社成为小农户与现代农业衔接的纽带

小农户与农业现代化不是不可相融的,小农户也可以实现现代化。经营规模小的农户,不一定产值也小。在小规模土地上,投入现代科技要素,可以提高土地利用率,更可以提高单位产值。在土地资源越发稀缺的背景下,提高单位土地的科技含量和产值尤为重要。实现农业现代化不一定要求每个农户都必须走规模化生产道路,可以在农民专业合作社的组织下形成有利于农业科技运用和发展的规模。单个农户采用先进技术不是不可能,但是成本会很高,也缺少集群效应,农民专业合作社可以通过组织农户共同采用新技术,降低成本的同时,又可以形成产业集群效应。

农民专业合作社的发展需要创新，经营模式要与农户有所不同。必须遵循农业基本规律，结合我国农村劳动力稀缺、土地自给与土地流转并存、农村人口老龄化等实际情况。农民专业合作社采用新科技有风险，需要农户风险共担，如果农民专业合作社能够发挥合作机制优势，建立风险共担机制，为农业走向现代化提供组织保障。

(三)农民专业合作社成为带动农民增收致富的稳定渠道

农民专业合作社可以通过多种途径带动农民增收致富，一是发展高附加值产业，增加土地流转收入和劳动收入。单个农户种粮收入与参加农民专业合作社种粮收入差异不大，通过农民专业合作社发展单个农户干不了的高附加值产业，农户要么通过土地流转参与其中，要么以土地入股参与其中，要么以劳动参与其中。二是将土地托管给农民专业合作社，实现劳动更大价值。农户将土地托管给第三方，进城务工，或在当地从事其他产业，增加收入。托管是一种将经营活动外包给第三方的经营模式，农产品的所有权和收益权还是农户所有。三是降低农户经营成本，通过集中采购和集中销售，降低农户经营成本。

三、农民专业合作社发展中存在的问题

(一)高质量发展困难重重

农民专业合作社在带动农民增收、促进农业生产经营方式变革等方面发挥了巨大作用，但快速发展背后所隐含的小、弱、假、散等问题不容忽视。部分农民专业合作社成为"只搭台、不唱戏"的"空壳社"；还有的成为理事长、老板说了算的"一人社"。据不完全统计，目前有1/3的合作社是为了套取项目资金而开设的"空壳社"，有1/3是由于无力继续运营而荒废的"僵尸社"，只有1/3的合作社尚在运转（其中许多是以"公司＋农户"方式在运作，真正在合作社平台上良好运营的估计只有10%～20%）。

"一人社""空壳社"等现象成因复杂。一是成立门槛低，合作社注册登记不验资、不收费、不年检等低门槛政策措施，催生了大量合作社，不少合作社成立之后无法正常运转。二是部分合作社成立动机不纯，想借此获取国家补贴或支

持。三是合作社普遍缺乏专业人才、成员整体素质偏低。有些合作社虽然从研究机构聘请了专业技术人员，但仅限于技术指导，真正懂技术、会管理的高素质复合型人才很少。很多农户加入合作社的目的就是为了分红、挣钱，对掏钱的事很少答应，对民主管理等问题也很少关心。四是合作社发展初期，管理和业务指导部门重数量轻质量、重发展轻规范、重建设轻指导、重扶持轻监管。

随着近年来有关部门持续加强示范社建设，逐步强化监管措施，由低门槛政策导致的"空壳社"情况正在逐步减少，但合作社自身能力弱的问题，则日益成为继续导致"空壳社"现象的主要因素。通过综合分析，我们认为造成农民专业合作社自身能力弱的原因主要有以下三点。

一是农民专业合作社成立与发展的基础薄弱。我国农业生产力较为充足，但抗风险能力不足，大规模经营下产能可得到充分利用，风险也会随之增加。很多农民专业合作社虽在形式上将分散经营的农户组织起来，但大部分入社农户所掌握的生产要素较少，并不能有效改变合作社的先天要素禀赋，合作社仍然普遍存在单个农户同样存在的缺资金、缺技术、缺市场渠道等短板。因此，大部分合作社与单个农户相比，所面临的市场风险并未下降，反而因经营规模扩大而提升。

二是创新能力弱。首先，意识不到位。在最低收购价格和临时收储政策的保护下，农民关心的主要问题是产量。农民无论是在品种选择，还是在田间管理，普遍以提高产量为核心，往往忽视市场需求的变化和产品质量的提升，缺少随市场需求而变化的经营管理意识。简单地将农民组织起来成立农民专业合作社，仍然缺乏新产品、新技术、新经营模式，与农户分散经营差异不大。其次，人才缺乏。目前农户户主平均年龄较大，大部分在50岁以上，文化水平在小学到初中之间，这给农民专业合作社创新发展带来较大障碍。

三是融资能力弱。政府鼓励向农民专业合作社提供金融支持，但正规金融机构出于风险控制考虑，无论是信用贷款还是资产抵押贷款，均对融资对象设定了较为严格的要求并审慎制定了控制流程。大部分农民专业合作社基础弱，创新能力不强，没有实体项目作支撑，很难从正规金融机构及时获得融资。

(二)市场竞争力不足

现代农业日益强调产业链的整合,农民专业合作社往往只在原料生产环节具有一定优势,而在产业链最为关键的加工流通等环节,普遍存在短板。首先,农民专业合作社普遍缺乏市场需求分析、营销策划等市场开拓能力。多数农民专业合作社依靠企业的营销渠道,客户、品牌等资源都来源于企业,农民专业合作社实质上只是农民的组织者,并不参与产业经营的核心业务。其次,农民专业合作社在深加工、仓储、运输、配送、技术服务等关键环节先天不足,自身缺乏延长产业链条的能力,难以分享更多第二、第三产业附加值。有独立经营业务的农民专业合作社比例很小;由企业领办的农民专业合作社大多数仅作为中间组织存在,只负责协调企业与农民的购销关系。

(三)分配制度争议凸显

农民专业合作社之所以有别于企业等其他经济组织,就在于农民专业合作社独特的制度设计。农民专业合作社的所有制结构是成员共同所有,每个成员都应建有成员账户;成员之间是平等互利关系,实行民主管理,成员都可参与合作社决策;农民专业合作社实行盈余返还的分配制度,剩余收益按比例量化到成员。然而,农民专业合作社在成员账户运用、财政扶持资金处置、盈余分配、民主管理、社务公开等方面仍存在很多弱项短板。课题组调研也发现,很多农民专业合作社并非完全按照农民专业合作社的制度操作,在调研涉及的安徽省216个农民专业合作社中,分红的占1.4%,成员向合作社投资的占1.2%,成员参与合作社管理的占1.6%,所有合作社都没有对成员产品是否一定要销售给合作社做出明确规定。

按交易量(额)返还利润(二次返利)在实际操作中遇到的困难越来越大,争议也越来越大。有的合作社不是利润中心,是农户和公司的监督协调中心,按交易量(额)返还利润不现实;有的合作社中按交易量(额)返还利润,增加了合作社与农户的交易成本,农户与合作社都不愿意采用此种分配模式;有的合作社中农户分利可以,但不与合作社共担风险,二次返利的共担风险属性缺失了。

农民专业合作社发展中存在的问题、成因是复杂的,既有合作社自身的资源禀赋因素,也有成员之间禀赋差异导致的治理异化因素,还有支持合作社发展的政策环境因素。

首先,合作社自身的资源禀赋因素主要由合作社成员主体——普通农户的财产和收入状况决定,短期内无法显著改变。农户承担风险能力弱,共担风险机制不健全。

其次,合作社成员之间的禀赋差异主要体现在一般农户成员与企业成员、农民大户成员之间的经济实力及其带来的经营管理能力、对合作社内部决策的影响力等方面。实际操作中往往出现出资额较大的成员,如企业或农民大户成员,获得合作社的实际控制权,淡化民主管理机制,个别的还存在侵占其他成员利益的情况。但为激发涉农企业和农民大户参与领办农民专业合作社的积极性,这种内部人控制合作社的现象在一定时期内还难以完全避免。

最后,合作社发展的政策环境日趋向好,但也存在结构性问题,主要是农业社会化服务体系不健全,为农服务资源分散,服务成本较高,服务供给不精准,难以满足农民专业合作社等新型经营主体的服务需求,对于弥补合作社自身要素短板、提升自身能力和培育市场核心竞争力缺乏支撑作用。

因此,从促进农民专业合作社发展的角度看,当前最主要的问题是:政策体系不完善,农业社会化服务体系不健全,政府部门的公益性资源与市场主体的经营性资源缺乏有效整合,不能有效供给到农民专业合作社等新型经营主体的生产经营终端。

四、农民专业合作社发展的对策

(一)发展党支部领办型合作社,提高合作社的公信力

农民专业合作社在发展高质量农产品中的重要功能是鉴定信息的可靠性以及约束农户行为。农户也要自己去探索市场,主动与公司对接。等待公司领办合作社是被动的组织。农户可以主动组织起来发展高质量农产品。很多自组织的农民合作社缺乏公信力,赢得公司信任的程度并不比单个农户有太大改进,对农户的约束能力也弱。也就是没有起到信息可靠性鉴定和约束农户行为的作用。农户仍是农业生产中的主体,农户的自组织是未来的大势所趋。关键问题是,农户自己组建什么形式的农民合作社才是有效的呢?

第一部分　农民专业合作社发展研究报告

党支部领办合作社是农民自组织的有效形式之一。党支部领办型合作社，归根结底是合作经济组织，秉持为成员服务的宗旨。党作为广大人民根本利益的代表，是为人民服务最有力的践行者。由党支部领办合作社，比普通农户组建合作社更有公信力，更能赢得农户和社会的信任。党员作为农村先进农民的代表，有更强的领导力和执行力。党支部在农民心中有很高的地位，对农户行为有很强的指导力和约束力。因此，由党支部领办合作社，可以提高合作社的公信力、领导力和约束力。解决合作社不被公司和农户信任的问题，解决合作社对农户没有约束的问题，解决农户盲目生产的问题。党支部领办合作社还有一个重要优势就是，可以充分发挥党支部的组织力量，使农民专业合作社获得更多的社会支持。

党支部领办合作社，比普通农户组建的合作社组织成本更低。组织替代市场配置资源的优势在于行政制可以节约交易费用，但是组织自身有管理、决策、风险承担等组织成本。党支部的政治优势、组织优势与农民专业合作社的经济优势相结合，可以降低农民专业合作社的集体决策成本和风险承担成本，可以解决目前我国农民专业合作社有组织无合作、有组织无约束的现象，农民专业合作社活力被激活，有了更大的发展空间和选择。如此一来，有了党支部的公信力、领导力和约束力作保障，农民专业合作社与市场对接的选择就更多了，可以采用"公司＋合作社＋农户"的模式，也可以采用"合作社＋公司＋农户"的模式，即由合作社牵头，促进公司与农户的合作，或者由合作社创办公司，与农户展开合作。

(二) 抓住合作社制度内核，创新合作社制度安排

合作社经历了178年的发展，经济社会发生了翻天覆地的变化，诞生于英国的罗虚戴尔先锋社是消费合作社，根源于英国1844年前后的发展状况。我国的实际情况不同于英国，并且现在的中国也与以往的中国不同。所以，我们要弄清楚罗虚戴尔合作社的原则，以及后期ICA确定的合作社原则的内核和本质，不能完全照抄照搬具体原则和具体条款，要继承其合理内核。关于现实和理论有争议的地方，首先要尊重实践性和客观性，反思理论意识，是否能够促进实践的发展，而不是来禁锢和阻碍实践的发展。二次返利的本质是什么，只要能够反映这个本质，必须要采用二次返利的分配形式吗？其他形式能否更好

地反映这种形式呢？这些问题现实和理论争论很热烈。我们应认真调研实践需求，不能墨守成规。二次返利目的是让合作社成员共担风险，所以不能一次性将利润分净；同时，又体现合作社让利给成员的特性，体现成员间的共享收益。这种形式是否适合于所有种类的合作社？是否每种合作社都要如此设置分配制度呢？只要能够体现共担风险、共享收益的分配形式就满足了合作社分配制度的核心条件。

（三）充分利用农民专业合作社的组织性，突破分散性和盲目性

农民专业合作社作为一个经济组织，具有单个农户不具有的组织性、制度性、约束性，这也是农户加入农民专业合作社之后，生产行为会发生改变的原因。农民专业合作社就是要做单个农户无法做到的事，农民专业合作社不是农户行为的简单重复，而是要改变农户行为、优化农户行为。很多学者将农民专业合作社的主要功能归纳为整合农户资源，或者是实现规模化生产。其实，农民专业合作社的重要功能还表现在对农户行为的改变和提升上。农民专业合作社是一个组织，有激励制度和约束制度，成员应遵守合作社章程，接受农民专业合作社管理。

农户生产长期采用分散经营、自负盈亏模式，伴有随意性、自主性的特征，生产几乎不受任何组织的管理和制约，虽然农户具有非常高的自主权，但也具有非常高的盲目性。在发展高质量农产品中，这种缺陷表现得更为明显。面临高质量农产品市场，农户在市场上尽力摸索，却无法突破自身技术能力和认知水平的束缚，无法使生产可能性边界向外扩展。农户也期望提质增效、增收致富，但是没有组织引领。农民专业合作社可以充分发挥组织性、制度性和约束性等优势，将农户组织起来，与公司对接，按照公司采购标准，制定规章制度，对农户生产行为实行制度化管理，让农户行为在有约束的前提下变得更加科学、高效和规范。农民专业合作社通过管理和约束农户行为，突破了发展高质量农产品中的质量管控困境。

第二部分　中国供销合作社发展研究报告

一、全国供销合作社发展现状分析

（一）全系统销售总额不断提高

2021年，供销社全系统综合实力不断增强，服务能力持续提高，发展质量稳步提升，实现销售总额6.26万亿元，同比增长18.9%。综合2021年以来的数据可以发现，全系统的年销售总额连续三年增长，达到历史新高。

全系统持续深化综合改革，坚持以综合改革统揽全局，供销社印发《2021年深化供销合作社综合改革重点工作任务书》，围绕密切联合社层级联系、深化社有企业改革、推进薄弱基层社改造等12项重点任务，确定责任单位和完成时限，除个别任务受特殊原因影响外，其余均已基本完成。同时，争取政策支持，推动"深化供销合作社综合改革"纳入国家"十四五"规划、"供销合作社参与促进村级集体经济发展试点"纳入全国农村改革试验任务。《乡村振兴促进法》将各级政府应当深化供销合作社综合改革单列一条，提出明确要求。

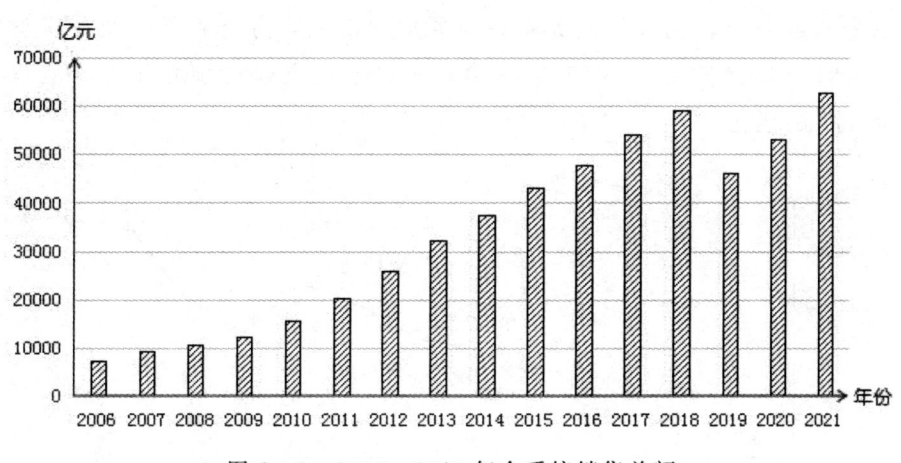

图 2-1 2006-2021 年全系统销售总额

(二)积极服务全面推进乡村振兴

全系统立足全面推进乡村振兴历史新阶段,创新服务方式,提升服务能力,为农业农村经济持续向好作出了新贡献。在助力巩固拓展脱贫攻坚成果同乡村振兴有效衔接方面,供销社牵头举办2021年脱贫地区农副产品产销对接会,2021年"832平台"交易额达115亿元,召开巩固拓展脱贫攻坚成果同乡村振兴有效衔接现场会,建立供销合作社系统对口援疆援藏工作机制,举办援藏工作座谈会和专题培训班。2021年,全系统从脱贫地区购进农产品价值3310.6亿元。同时,全力做好农资保供稳价,引导主要农资品种价格回归合理水平。

在大力提升流通服务网络功能方面,供销社实施"县域流通服务网络建设提升行动",出台供销合作社参与农村寄递物流体系建设的实施方案,推进"供销系统农产品冷链物流体系建设工程"。2021年,全系统实现农产品销售额27591亿元、日用品销售额14925亿元,同比分别增长24.3%和17.1%,进一步畅通了农产品上行、日用品下行双向通道,在服务农民生产生活中发挥了积极作用。

(三)社有企业综合经济实力有效提升

2021年,全系统社有企业实现营业收入1.29万亿元,同比增长25.9%。近两年,社有企业营业收入呈现连续增长趋势,2021年营业收入额更是突破了十年以来的最高点。现代物流等新兴业务加快发展，物流业营业额首次突破千亿元，达到1033.5亿元。2021年在建亿元以上重点建设项目114个，累计完成投资475.3亿元。

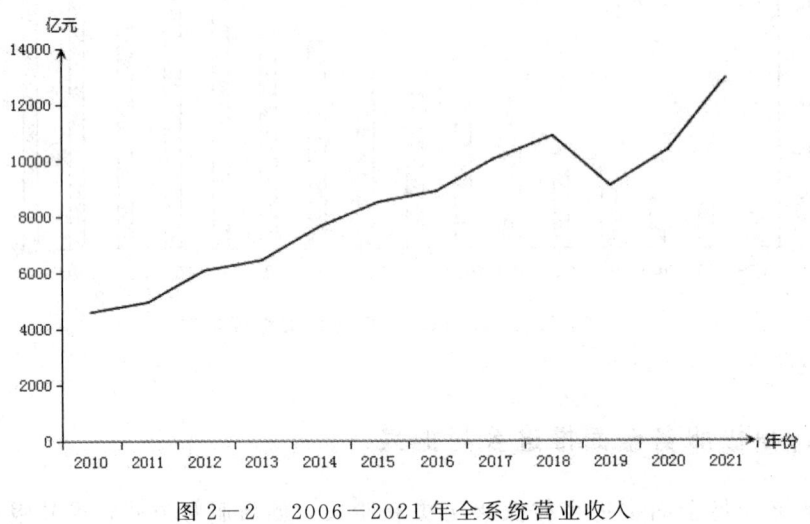

图 2－2　2006－2021年全系统营业收入

在深化社有企业改革方面，供销社印发《关于持续深化社有企业改革的指导意见》，推动社有企业深化改革、创新转型、强化管理、提质增效。通过深化社有企业改革，供销社综合经济实力有效提升。一是现代企业制度建设加快推进。不断完善企业法人治理结构，逐步健全决策执行监督机制，强化内部管理和风险防控，集中力量压减"两金"占比、降低企业负债、处置历史包袱，全系统社有企业资产负债率降至70.5%。二是社有资产管理体制初步理顺。总社和30个省级社组建了社资委，29个省级社组建了社有资本投资运营平台，19个省级社出台了落实《供销合作社社有资产监督管理办法》的实施细则。三是社有企业创新转型初见成效。"绿色农资""质量兴棉"行动深入推进，再生资源企业加快布局城乡环境治理领域。

（四）基层基础进一步夯实

坚持大抓基层的鲜明导向，工作上优先安排，投入上重点保障，项目上更多倾斜。各级联合社也坚持把基层工作摆在突出位置，加强工作指导，强化资金扶持，提高考核权重，基层组织建设取得新进展。基层社改造持续推进。

2021年,总社合作发展基金安排3000万元支持60个基层社改造项目。各地采取盘活资产、项目扶持、企业带动等方式,改造薄弱基层社2248家。指导基层社加强民主管理,1.4万家基层社定期召开社员代表大会,2021年吸纳社员559万人(户),社员总数达到1392.7万人(户),进一步密切了与农民的利益联结。

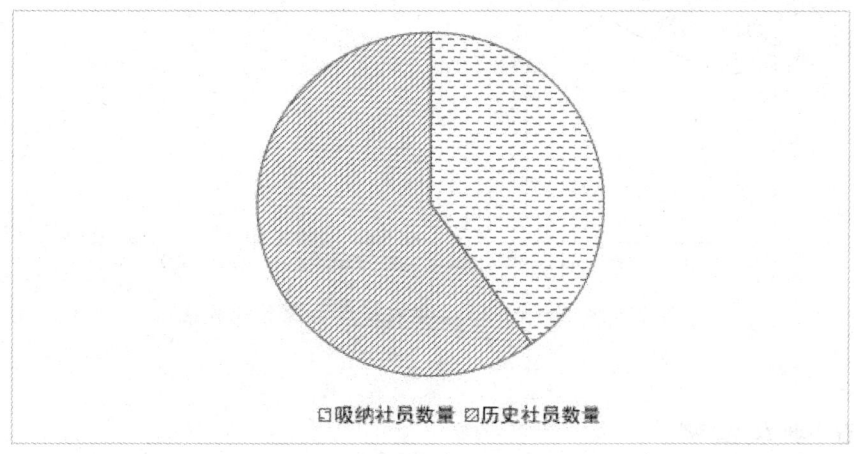

图2-3 2021年基层社社员数量(单位:万人)

农民合作社服务带动能力显著增强。立足地方特色产业,发挥供销合作社优势,做强流通、仓储、加工等"后半程"服务,领办创办农民合作社1.3万家,总数达19.2万家,入社成员1516万户。推动农民合作社联合合作,累计发展农民合作社联合社9865家。2021年,综合服务社功能更加健全,农村综合服务社服务功能有效拓展。供销社通过加快设施改造,优化服务环境,逐步充实农产品收购、代理代办、快递收发等服务内容,农村综合服务社发展到46.9万家,为农民群众提供周到便捷的多样化服务。

第二部分　中国供销合作社发展研究报告

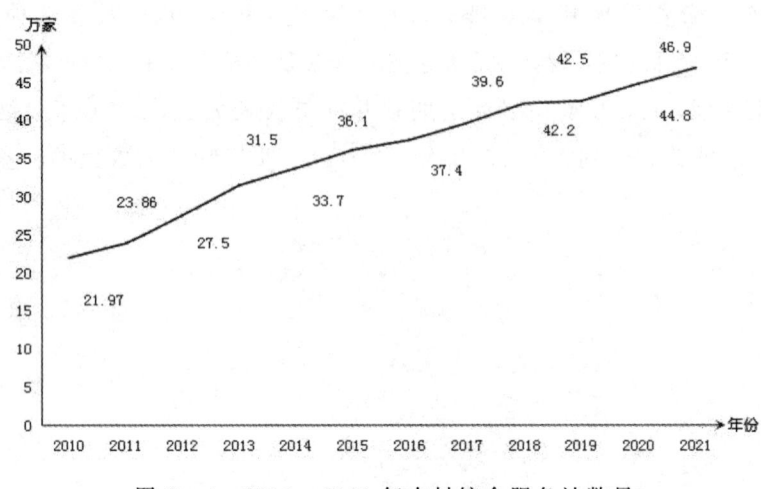

图 2—4　2010—2021 年农村综合服务社数量

（五）典型案例

1.基层社发展典型案例

基层社是供销合作社的基础，是服务乡村振兴的前沿阵地，也是供销合作社组织体系中最薄弱的环节。为了总结推广各地建设基层社、提升为农服务能力、夯实基层基础的典型和做法，分析了4个典型案例，它们在健全制度、严格管理、提升流通服务水平、拓展农业社会化服务、承接政府购买服务、密切与农民联结等方面进行了积极探索，对推进基层社分类改造具有较高的参考价值。

（1）四川省泸州市泸县嘉明镇供销合作社：坚持综合性合作经济组织属性，在参与乡村振兴中发挥积极作用

2018年，泸县县社抓住县政府开展供销合作社、农村集体经济组织、农民专业合作社"三社"融合试点机遇，组织吸纳农民、农民专业合作社和农村集体经济组织出资加入，按照综合性合作经济组织要求成立"泸县嘉明镇供销合作社"，通过承接政府购买服务、开展产业化经营、参与服务乡村振兴，取得了一年打开局面、两年实现盈利的良好开局，让入社农民得到了实实在在的利益、党委政府看到了供销合作社的重要作用。

一是按照综合性合作经济组织组建基层社。嘉明镇政府高度重视支持基层社建设，成立镇长任组长，县社工作人员、农村集体经济组织负责人、农民专业

合作社负责人、农村能人等共同参与的基层社筹建小组。经深入研讨论证、听取各方意见，"泸县嘉明镇供销合作社"于2018年12月在市场监管部门注册成立，登记类型为"农民专业合作社"，成员出资总额159.7万元。

在成员构成及出资比例上，101个农户出资59.7万元，占37.4%；泸县供销合作社出资56万元，占35.1%；泸县嘉明镇少华村集体资产经营管理有限责任公司代表少华村、护松村等10个村集体出资40万元，占25%；泸县青媛柑橘水果种植专业合作社（以下简称青媛柑橘专业社）出资4万元，占2.5%。在机构设置上，下设综合办公室、市场营销部、农业产业发展部、项目拓展部、农村保洁服务部、后勤管理服务部、广告设计服务部"一室六部"。在业务范围上，聚焦乡村振兴对农业产业发展、基础设施建设、人居环境整治、消费市场升级等要求，重点发展农业社会化服务、建筑施工、乡村环保、商贸流通等业务。

基层社成立后，先后出资设立泸县护松柑桔有限公司、泸县嘉明三社商贸有限责任公司（以下简称嘉明三社商贸公司）、四川匠柏建设有限公司（以下简称四川匠柏建设公司）、四川嘉明置业有限公司等4家企业，参股县社出资企业泸县泸川农业发展有限公司，领办绿民园林花卉专业合作社等10家农民专业合作社，建成农资、农副产品、日用品、电商等经营网点12个。

二是加强基层社制度建设。第一，组织管理制度。基层社根据章程建立了社员大会、理事会、监事会"三会"制度，对理事会、监事会及内设机构的职责作出明确规定。为充分聚合农民专业合作社、村集体等各方资源，发挥能人优势带动基层社发展，选举农民专业合作社理事长担任基层社理事会主任，嘉明镇政府退休干部担任基层社理事会副主任，县社职工担任监事会主任。建立健全财务和业务管理制度，实行重大事项、日常收支情况公示等制度。第二，盈余分配制度。经社员民主讨论，基层社执行以下盈余分配制度：所有实缴资金（共62.8万元，其中县社6万元，农户56.8万元）每年按照12%的比例获得固定回报，县社、农民专业合作社和农户的认缴资金（各50万元、4万元、2.9万元）每年按照2%的比例获得固定回报，村集体认缴资金（40万元）每年按照6%的比例获得固定回报。基层社与农户、村集体等共同实施的项目，利润分配方式另行约定。2019年，基层社分配盈余6.86万元，其中泸县县社获得0.47万元、10个村集体获得2.4万元、64户农民获得3.99万元。2020年，基层社分配盈余10.76万元，其中泸县县社获得1.72万元、10个村集体获得2.4万元、70户农民获得 6.64 万元。

三是以承接政府购买服务为基础积极拓展经营业务。嘉明镇供销合作社成立后，积极开展农业生产服务，同时考虑到开展农业服务资金投入大、回收周期长、投资风险高，积极探索"以工哺农"发展模式，拓展建筑劳务、广告设计、城乡治理等新型服务，承接政府工程项目和村集体建设项目，获得稳定收入来源。2020年，基层社实现营业收入1000多万元、利润129万元，弥补上年亏损、扣除所得税后，获得可分配盈余46万元。第一，积极争取镇政府和村集体等方面项目支持。基层社多次向嘉明镇政府汇报、与村集体沟通，争取获得项目政策支持，聚合相关服务资源。抢抓乡村基础设施建设机遇。依托四川匠柏建设公司（基层社占股90%），承接当地农村宅基地复垦、改厨改厕、小型水利设施建设、农村公路建设等公共项目，2020年解决30多人就业，增加农民劳务收入100万元，基层社获利23万元。第二，助力发展环保产业。经嘉明镇政府协调，基层社以年息6%向大同等4个村集体借款670万元（闲置的宅基地拆迁款），并自筹资金130万元，购买占地面积72亩的国企废旧厂房，打造环保产业工业园。目前，已有泸州山水秀美环保等4家公司入驻，每年可获租金130万元。第三，承接团体配送业务。依托出资的嘉明三社商贸公司为镇政府、村（社区）、学校、企事业单位提供办公用品、食材配送等服务，年获利30万元。第四，开展农资经营业务。通过村集体经济组织统计农户农资需求，基层社按需统一组织采购；参与县社组织的基层社农资联采，采购成本降低5%，每袋尿素（80斤）价格比个体经销户低10元。推广"线上下单＋线下配送"的服务模式，农资可直供地头，方便农民群众开展生产。2019年，开展农资业务当年，就达到全镇市场份额的10%；2020年，配送各类农资1000余吨，服务耕地5000余亩，市场份额扩大到25%，获利20万元。第五，开展柑橘产业化经营。为进一步增强产业服务带动能力，2020年基层社与护松村集体资产管理公司、800多户农民共同建设柑橘产业园，项目总投资520万元，其中，基层社出资208万元，占40%；村集体出资156万元，占30%；800多户农民以1200亩土地5年期租金作价156万元入股，占30%。产业园种植优质柑橘10万余株，基层社负责供应农资，日常管理和技术服务委托青媛柑橘专业社负责，村集体协助组织用工。产业园为周边农民提供就业岗位100个，农民每年增加劳务收入100万元左右。产业园达产后，每年先给予农户每亩300元的固定分红，再按照4:3:3的出资比例向基层社、村集体、农户分红。第六，参与农村人居环境治理。承担嘉明镇及10个村的垃圾分类转运和嘉明、福集、喻寺、方洞4个镇、3条河、49公里长的河道治理工作，每年分别获得财政资金120万元、20多万元，共带动就业27人，增加农民劳务收入104万元。参与秸秆资源化综合利用试点，由村民小组按每吨300~500元收购秸秆，村委会定点集中运输，基层社负责加工成有机肥，免费供应农户使用，县农业农村局和镇政府进行补贴。2019年秋季至2021年夏季，累计回收秸秆2160吨，生产有机肥1200余吨、基料500余吨，促进秸秆还田、绿色发展，农民销售秸秆增收80余万元。

四是成功经验。第一，直接吸纳农民和各类新型农业经营主体加入是新建基层社成功之路。这种组建形式把握了农村产权制度改革和促进农村集体经济发展壮大的政策机遇，能够调动各方工作积极性，落实合作制原则，切实打造以农民社员为主体的综合性合作经济组织。第二，承接政府购买服务是启动基层社发展的重要途径。新建基层社开展为农服务资金投入量大，争取政府及有关部门为基层社"赋能"能够帮助基层社"创收"，从而尽快站稳脚跟。嘉明镇政府将基层社作为开展"三农"工作的重要载体，赋予服务职责，协调资金项目支持，促进基层社快速形成自我造血能力、增强联农带农能力。第三，优化利益分配是基层社建设的关键环节。嘉明镇供销合作社注重调动农民专业合作社、村集体、小农户等各方积极性，共同创利、增利，同时主动妥善分利、不与民争利、为民让利，使其获得各方认可支持，进而推动事业稳步发展。

(2)山东省滨州市邹平市九户供销合作社：夯实服务阵地、健全激励机制、打造服务农民生产生活综合平台

邹平市九户供销合作社成立于1950年，作为独立核算的集体所有制企业一直存续至今，经营业务以农资和日用消费品销售为主。20世纪90年代，人、财、物交由邹平市社统一管理。近年来，立足当地农民生产生活需求，九户供销合作社在强化监管促进资产保值增值基础上，建设综合超市做强生活服务，领办农民专业合作社拓展生产服务、密切与农民利益联结，自身综合实力和为农服务能力稳步增强，初步成为服务农民生产生活的综合平台。

一是强化资产管理壮大家底。经过70多年的经营积累，九户供销合作社集聚了较为扎实的为农服务物质基础。目前，基层社资产总额3200万元，主要为土地房产等固定资产，有5处临街经营门市、5处在村上的经营门市、3处供

销超市、2处为农服务中心，其中超市由基层社自营，农资门市和为农服务中心由基层社职工承包经营，其他门市对外出租。

邹平市社统一代管基层社资产后，制定资产资金管理办法，构建监事会、审计多方参与的监督机制，通过厘清资产底数、严格项目审批等手段，强化内部管控，有效防止了社有资产流失，保全了基层社的经营服务阵地，促进了社有资产保值增值。在收支管理方面，所有收支由邹平市社月度集中会审，不合理、不合规的支出一律不准在基层社列支。在预决算管理方面，资产购置、处置须报市社审批，标的额20万元以上的建设项目要通过市住建局统一招标。在资金管理方面，严格执行金融监管部门有关规定，不得巧立名目进行社会集资或借款，严格防范金融风险。在资产运营方面，基层社服务设施承包、租赁经营的，合同有效期原则上不得超过3年，且每年承包费、租赁费递增。

二是依托超市做强生活服务功能。邹平市社把握市场机遇，顺应农村消费升级趋势，2011年投资970万元建设九户供销超市，交由基层社运营。超市共两层，经营面积2300平方米，目前平均每天客单量1350单，平均日销售额约4万元，是九户镇唯一的大型综合服务超市。在此基础上，九户供销合作社先后负责九户镇石店村供销超市、台子镇供销超市的具体经营，进一步扩大供销合作社品牌知名度和影响力，改善了当地的农村消费环境。2020年，3家超市共实现销售总额2400万元。超市经营步入正轨后，基层社着力以超市为中心，全面提升生活综合服务能力。第一，积极开展农超对接。发挥超市对当地农产品生产销售的带动作用，农民专业合作社生产的蔬菜、水果等农产品直供超市，形成稳定购销关系。基层社通过出资6万元、持股20%领办丰盈实农民专业合作社，并与其他9家农民专业合作社达成合作，每年采购农产品约110万元，带动农户100余户，每户每年增收约1000元。第二，拓展服务项目和商品种类。依托超市拓展日用品销售、农产品购销、快递收发、金融服务、便民缴费、家电回收等服务功能，提供"一站式"服务。2021年7月，基层社和邮政快递公司达成合作，在九户供销超市设置邮政快递点，试运行期间每月下行客单约1800件。不断丰富商品种类，建设"中心厨房"，加工熟食和快餐，目前经营单品包括果蔬肉蛋、食品、洗护用品、日用百货和小家电等5600余种。积极拓展销售渠道，与当地企业、机关、学校等单位签订供货协议，配送粮油和肉蛋蔬菜等生鲜农产品，年交易额超过300万元。第三，对接县社配送中心。基层社经营的3

家超市统一实施联购分销、资源共享，有效降低了采购成本。2019年，加入邹平市社出资企业经合联超市有限公司牵头成立的供销超市联盟，进一步拓展商品种类和采购渠道，通过不定期自愿参加集采集配，降低相关商品采购成本5%。目前，基层社超市商品自采比例约为85%，其余15%从经合联超市有限公司采购。

三是领办农民专业合作社拓展农业生产服务。九户是农业大镇，耕地面积8.8万亩，常住人口3万人。围绕破解当地"谁来种地""怎么种地"等问题，基层社争取市社支持建设为农服务中心，积极领办农机类农民专业合作社及其联合社，整合基层社农资供应优势、专业社农机服务优势，共同开展农业生产服务。第一，建设生产性为农服务中心。2015年，九户供销合作社利用原有土地、争取邹平市社370万元自有资金建设九户为农服务中心，服务中心由基层社负责运营，提供农资销售、测土配肥、农技推广、农民培训等"一站式"服务。当年实现农业社会化服务面积2.4万亩次。第二，整合农机服务力量。服务中心建成后，九户供销合作社积极与邹平市众丰农机专业合作社对接合作，基层社和众丰农机专业合作社自采部分农机具，同时整合社会农机64台，组织30名农机手组成专业化服务队，开展机耕机种机收等农机服务，与基层社原有农资供应业务互相补充、形成合力。2017年，基层社联合众丰农机专业合作社成立邹平县九户农民合作社联合社，进一步聚合了服务资源、密切了与农民的组织联结。第三，提升服务质量。完善服务流程，基层社面向农户接受服务预定，统一作业规范，统筹安排农机手集中或分头作业。优惠服务价格，基层社指导服务队主动让利惠农，收割环节每亩收费40元，比市场价格低10元；飞防环节每亩作业收费4元，比市场价低2元。目前，基层社农业生产服务范围已拓展到码头、长山等周边乡镇，2020年实现农资销售额4000万元，配方施肥、统防统治、农机作业等社会化服务面积达到5万亩次。

四是通过绩效奖励建立完善的激励约束机制。为充分调动职工工作积极性和能动性，九户供销合作社实行绩效薪金奖励制度。职工收入与基层社经营效益挂钩，职工基本工资与当地乡镇公务员基本工资持平。鼓励职工开拓新的经营业务，新业务占用基层社场地设施的，如承包超市闲置空间开展经营，经营利润70%归基层社，30%归创业职工；新业务不占用基层社场地设施的，如职工开辟的为企业、学校配送业务，经营利润50%归基层社，50%归创业职工。

同时，在邹平市社指导下，基层社每年年初明确利润和综合效益（包括当年利润、提取固定资产折旧、提取积累性资金）等主要经营指标任务，每年年底进行统一考核，未完成任务指标的不得核发绩效奖金。对于审计等过程中发现的问题，及时提交邹平市社研究，依法依规处理。

五是成功经验。第一，严格资产管理是加强基层社建设的重要基础。社有资产管理松弛是当前各地基层社建设面临的主要问题，只有管好资产、守住家底，才能做到为农服务、实现长远发展，绝不能让基层社变成无人看管的"菜园子"。第二，搞活经营机制是增强基层社服务能力的根本动力。基层社本质上是市场主体，应遵循市场经济规律，更多运用经济手段开展经营服务。在业务拓展上，不单单是"守好摊子"，还应充分利用政策资源和市场资源，顺应农业农村发展新趋势和农民对美好生活的新需求，拓展完善生产生活服务功能；在人员管理上，只有健全奖励激励机制，挖掘职工内在动力，才能把事业做大做强。

2.农村现代流通服务网络建设典型案例

(1)广东省供销合作社：建设冷链骨干网 强化小农户对接大市场基础支撑

针对全省800多万户小农户的实际需求，广东省社以冷链骨干网建设为突破口，强化面向小农户的农产品现代流通服务支撑。有关做法得到省委、省政府高度重视，冷链骨干网建设列入2020年、2021年省委全委会工作报告和省政府工作报告，省级累计安排项目资本金5亿元、专项债52亿元和每年500亩专项用地指标予以支持。

一是发挥优势，整体布局。针对冷链设施投入大、效益低、社会资本投资意愿不强，省社依托供销合作社系统联结城乡、连通农产品产区和销区的组织体系和网络优势，早谋划、早部署，制订全省冷链骨干网建设方案，推动"粤港澳大湾区1个中心库+产地网、销地网2个区域网+库容整合、车辆运输、智慧冷链3个运营平台"建设，规划用3年时间建成库容160万吨、配套冷藏车2000辆和田头冷链装置1000台，构建社会化服务、市场化运营、智能化管理、网络化协同，具有独特竞争优势的供销冷链"一张网"。

二是双线运行，快速推进。发挥联合社机关行业指导推动和社有企业市场运作的双线运行优势。省社成立指挥部，分管领导包片，挂图作战；市县供销合作社上下协同、联合推进；冷链物流龙头企业牵头实施，项目快谋划、快建设、快运营。在全省19市55县谋划项目60个，总体达成规划目标；开工项目31个，新增用地2500亩；运营项目22个、冷库库容58.4万吨，全省网络布局基本形成。

三是下沉服务，联结农户。推动冷链物流服务网络向农村延伸，密切与农民利益联结。依托供销合作社县域助农服务平台和镇村助农服务中心，建设田头仓储冷链物流设施，为小农户提供农产品采购、田头预冷、低温加工、冷藏保鲜等服务，解决农产品流通"最先一公里"难题。2021年，在20个县建设运营田头冷链示范点82个，带动61个市县供销合作社发展田头冷库223个。

四是完善链条，对接市场。围绕一二三产业融合，发挥冷链骨干网项目的支撑作用，打造农产品现代流通全产业链。推进农产品分级分拣，与布局全省的100个直供配送中心协同，发展"生鲜电商＋冷链配送"。集聚农产品加工产业，在江门等地打造一批省级现代农业加工产业园区，拓展中央厨房、预制菜等精深加工。服务应急保供，打造粮食、冻肉等重要农产品储备基地。创新农产品流通，落实全国总社和广东省战略合作协议，部省共建惠州大湾区绿色农产品生产供应基地，以冷链物流板块为基础，整合前端生产主体和后端销售渠道，发展供销特色以销促产新模式。

五是数字赋能，精准管理。建设广东数字供销，搭建全省智慧冷链物流系统，依托冷链骨干网，上线云仓管理系统、车辆协同系统、农产品质量检测追溯系统、产销对接系统，实现冷链运输全程数字化管理，为精准联结小农户、对接大市场提供支撑。

(2)江西省供销合作社：突出重点 一体推进 全力打造农村现代流通服务网络

江西省社抢抓国家推进农产品冷链物流和农村寄递物流体系建设机遇，争取政策支持，整合系统资源，发展全省城乡冷链物流骨干网和"互联网＋第四方物流"供销集配体系，带动系统工作取得新进展。

一是争取党政支持，加强集成推进。省社主动承担加快全省冷链物流产业发展重任，积极争取党委、政府重视和有关部门支持，编制冷链发展规划、制订"第四方物流"建设方案，成立省供销集团、冷链科技公司、电商公司等平台载体，一体化推进冷链物流和"第四方物流"项目建设。有关工作2020年、2021年连续列入省委全委会、全省经济工作会议重要工作和省委深改委年度销号任务，2020年起进入全省重点项目库和新基建重大项目名单，省社落实省政府专项债24亿元、省财政服务业资金3亿元，协调出台项目供地保障政策，2022年又有9个冷链项目列入省政府专项债项目库。

二是加大创新力度,激活发展动能。第一,注重模式创新。打造冷链物流省域全网模式,统筹建设冷库仓储和农批市场、中央厨房等设施,增强综合服务功能,利用信息化手段实现点线成网,推动全程冷链无缝衔接。累计签约25个项目,建成9个项目,冷冻冷藏库容达27.5万吨。创新"第四方物流""四个一"建设模式,每个县组建一家集配企业、建成一个集配中心、搭建一张集配网络、共享一套集配系统,集中开展城乡共同配送。建成93个县级集配中心、8624个集配网点,实现全省县域全覆盖。第二,注重科技创新。成立研究院,搭建大数据管理和交易平台,按照全链条无脱冷、绿色节能环保、5G物联智配标准打造冷链物流骨干网。自主研发"第四方物流"信息系统,拥有34项知识产权专利,做到信息化操作和智慧化管理。第三,注重机制创新。完善企业运行机制,突出绩效导向,科学分配薪酬,探索推行超额利润分享、虚拟股权、项目跟投、员工持股等激励措施,吸引百余名企业高级管理和专业技术人才加入。

三是优化产业链条,提升服务效能。第一,向前端拓展。组织相关社有企业对接农民专业合作社、种养殖大户等农业经营主体,推动流通服务向生产环节延伸,带动生猪、果业、蔬菜、水产等特色产业发展。第二,向中端赋能。省冷链科技公司与顺丰、京东等企业开展合作,引进成熟运营模式和团队开展冷链业务运营。项目建成后每年可降低农产品腐损39亿元。依托"第四方物流"集配体系整合"四通一达"等寄递物流资源,推进赋能提升。上年累计完成上下行物流配送6.35亿件,县域配送效率提升70%、流通成本降低20%,780万乡村百姓享受到快捷服务。第三,向末端延伸。省冷链科技公司创立"供销江南"线上平台,在129个省直企事业单位、居民社区开展生鲜网络销售+冷柜自提业务;成立"供销壹号"合资企业,在南昌市打造江西第一家五星级智慧农贸市场,上年新签约9家智慧农贸市场升级改造项目,实现线上线下融合联动,打通了农产品从田间到餐桌的全程链条。

二、全国供销合作社改革发展中存在的主要问题

供销合作社综合改革虽然取得了阶段性成效,但对照习近平总书记重要指示精神和党中央、国务院决策部署,对照中发[2015]11号文件要求,仍存在着发展还不平衡,与农民的利益联结不够紧密;基层基础尚不稳固;社有企业综合

服务实力还有待提升;干部队伍能力作风还不适应事业发展需要等问题。

(一)综合改革成效有待进一步显现

供销社组织体系尚未形成上下贯通、运行高效的运行体制机制,导致其服务网络的规模优势尚未有效发挥,综合改革的效应有待进一步体现。一是体制机制改革尚未取得实质性进展。全国各级供销社尚未形成统一的网络规模,松散的运行机制使得经营模式单一趋同。供销社构建现代流通网络、参与农业产业化经营的切入点在于流通,但是流通仅有个别网点或是龙头企业远远不够,因为单个企业或基层供销社,尽管可能发挥一定的流通作用,但要真正承担起组织农民进市场、延伸农业产业链的重任,还是显得无能为力的。因此,供销社在流通之外还需要强大的网络连接,形成统一的网络规模。如此供销社的优势才能充分地发挥出来。同时基层经营网络大多停留在农民的生产资料和必需的生活资料上,既不能组织收购大批量的农副产品,又无力经营大宗商品(如彩电、冰箱、空调、洗衣机等),因而不能满足广大农民对美好生活的向往和追求。二是供销系统内部联合与合作的体制机制尚未建立。各级供销社网点遍布城乡各个角落,普遍规模小、组织化程度低,并且实力较弱,加之行政区划等原因条块分割,同类型组织多,同业竞争严重,在资源整合的基础上实现同类联合的难度较大。在经营网点的选择上,不能摆脱急功近利、嫌贫爱富的阴影。城镇规模较大,经济发展状况良好的村镇往往具备良好的经营环境和发展空间,但不能不正视在这样的地区竞争也更加激烈的现实。而在偏远的欠发达地区,却具有前者所没有的市场潜力和消费需求。

(二)基层基础仍显薄弱

目前,各地供销社发展不平衡不充分的问题比较突出,部分县级社、基层社经济实力还不够强,为农服务的能力无法满足农民生产生活需要。基层社是整个供销合作社组织体系中最薄弱的环节,总体上存在着经营服务能力不强,规模不大的问题。一是基层社有效覆盖不够。传统主营业务萎缩,为农业农村发展提供的服务供给有限。如在农副产品收购和生活资料供应方面,市场需求大,但基层社所占市场份额小,能提供的服务有限,在农技咨询、信息服务、文化娱乐等方面基层社参与更少。二是供销社经营范围的扩大要求供销社的职能必须从计划指定的农产品和工业品流通，扩大到任何商品的流通；从产品流通的单一职能扩大到产品生产和非产品经营的多元化经济职能。三是参与农业产业化的能力有限。目前基层供销社普遍缺乏初始投入能力，资金紧缺，客观上导致了基层供销社的商业取向，缺乏明确的发展目标，无法将基层组织建设与联合社建设、经营网络建设、社有企业发展有机结合起来，难以适应日益变化的市场需要。三是与农民的利益联结不够紧密。供销社自改革以来，方向性定位是准确的，即为农服务的合作经济组织，但在体现"合作经济"的原始属性——"合作制"上，已经发生了部分偏移。这对供销社秉承为农服务宗旨，密切与农民利益联系，成为真正的农民合作经济组织是十分不利的。

（三）社有企业综合服务实力有待提升

社有企业改革滞后，规模实力和发展活力还不强，总体发展水平与构建经营服务体系的要求还不适应，市场竞争力弱，引领行业发展的龙头企业相对较少，社有资产管理体制机制有待健全。一是经济实力不强，抗风险能力差。经过几十年的发展，社有企业大多积累了一定的社有资产，但这些资产几乎都有数量多、个头小，优良资产少，抗风险能力差等特点，由此导致自身积累不足，发展缓慢，缺乏竞争能力。同时社有企业整体实力较弱，受老体制机制的制约影响，企业活力没有得到增强，经济总量偏小，社有企业之间相对封闭，资源共享不充分，整合意识不强。二是规范的现代企业制度尚未完全建立，企业法人治理结构尚不完善。供销社实行社企合一的资产管理制度，仍未完全按照现代企业制度要求建立社有资产管理体制，所有权和企业的法人财产权没有完全分离，出资人与企业之间权利义务与职责界限仍不明确。供销社企业的法人治理结构不完善，有效制衡的股东会、董事会、监事会和经理层"三会一层"制度尚未建立；社企不分、多头管理没有得到根本改变。三是出资人缺位、有效监管制度不完善，缺乏有效的经营者激励与约束机制。县级以上供销社作为参照公务员管理的事业单位，理事会在履行出资人职责时往往出现缺位或错位的现象。资产控制权往往掌握在供销社的少数几个中高级管理人员手中，缺乏有效的激励难以实现资产价值的最大化。

(四)人才队伍建设亟待加强

供销社深化综合改革,积累经验,锤炼队伍,供销社干部队伍状况总体上是好的,基本上适应了企业发展的需要,但是也应看到,当前干部队伍能力作风仍难以适应事业发展的需要。一是部分干部职工理论素养和知识水平不适应事业发展的需要,业务能力、工作水平有待提高。工作岗位固定,培训交流少,外出学习少,思想封闭僵化,凭经验、凭惯性去工作,存在能力危机问题。而且受基础条件、体制机制等客观因素和人的主观能动性等因素的影响,部分干部创业激情有所退化,习惯于按部就班,看摊守业思想严重,导致全系统发展不平衡。二是干部职工队伍年龄结构不合理,人才匮乏。人员老化现象突出,尤其是干部队伍年龄都偏大。目前,各基层社和流通企业主要负责人、市联社机关中层干部平均年龄都较大,市联社领导干部平均年龄更大。干部人才出现断层,真正了解供销社、热爱供销社、懂经营、善管理的专业人才储备不足,合理的人才梯队建设进展缓慢。人才匮乏成为制约发展的最大短板。三是基层社的人才短缺问题尤为突出。由于基层供销合作社行业的人均收入水平相对较低,对中、高端人才缺乏吸引力,供销系统网络经营、管理人员,多数是原企业改制时留下来的,理念和知识陈旧,无法适应传统业务转型与新兴业务发展的现实需要。

三、加快全国供销合作社改革发展的对策建议

习近平总书记重要指示指出,供销合作社是党领导下的为农服务的综合性合作经济组织,强调要加快成为服务农民生产生活的综合平台,成为党和政府密切联系农民群众的桥梁纽带。近年来,供销合作社系统坚持为农服务宗旨,为巩固完善农村基本经营制度、保障粮食安全和重要农产品有效供给、促进农业稳定发展发挥了重要作用。未来,供销合作社应从强化顶层设计,统一思想认识、完善县乡村三级流通服务网络,提高流通网络现代化水平、大力推进社有企业高质量发展,提升社会化服务的产业支撑能力、促进主流业务与信息技术深度融合,推动为农服务数字化转型、创新人才发展体制机制,加强人才队伍建设五个方面持续深化改革,为全面推进乡村振兴、加快农业农村现代化贡献新的力量。

(一)强化顶层设计,完善组织体系建设

当前,供销合作社深化农业社会化服务改革被纳入农村改革的总体布局中,并在国家层面有了新的设计和安排。旨在解决供销合作社与农民合作关系不够紧密、综合服务实力不强、层级联系松散、体制不够顺畅等突出问题,按照为农服务宗旨和政事分开、社企分开方向,把供销合作社打造成同农民利益联结更紧密、为农服务功能更完备、市场运行更有效的合作经营组织体系。供销合作社深化农业社会化服务改革,始终要确保正确的方向、必要的扶持和良好的改革发展环境,尤其要始终坚持不懈地解决好四个事关全局的重点问题。一是强化顶层设计,探索供销社特色的农业社会化服务体系。把为农服务成效作为衡量工作的首要标准,把更广泛、更深入地为"三农"提供综合服务作为首要任务,一切都要奔着为农服务去。拓展整个供销合作社系统经营服务领域,推动由流通服务向全程农业社会化服务延伸,向全方位城乡社区服务拓展,加快形成综合性、规模化、可持续的为农服务体系。二是统一思想认识,完善组织体系建设。供销合作社要进一步统一思想认识,提高政治站位,以高度的自觉深化农业社会化服务,积极完善组织体系建设,确保长效健康发展。通过领办专业社及组建联合社,推进生产、供销、信用综合合作,大力发展行业协会,更加广泛地吸纳农民和各类新型农业经营主体加入等方式,从而真正体现出广泛的群众基础和平台作用。同时,采取多种方式加强联合社层级间的联合合作,贯通上下,打造出深耕农村、联结农民、遍布城乡的庞大网络,形成系统优势和规模优势。三是稳妥开展农村合作金融,积极推进农村资金互助合作,有效解决当地农民融资难、融资贵问题,为促进农民增收发挥积极作用。四是探索开展保险服务,联合保险公司开展气象指数险、价格指数险、田间作业险等涉农保险服务,增强经营主体抵御风险的能力。

(二)完善县乡村三级流通服务网络,提高流通网络现代化水平

完善县乡村三级流通服务网络,以畅通农产品销售为重点,抓生产源头,加强农产品商品化处理,加强农产品市场建设,发展多种形式产销对接,大力拓展农业产后服务功能。首先,打造农产品现代流通全产业链,加强农村现代流通服务体系建设,充分利用系统资源优势、提升县乡村三级流通网络功能,将

分散网点打造成上下贯通的"一张网",打通农村流通服务"最后一公里",为农民提供便利实惠、安全优质的农业社会化服务。加强县域集配中心建设,加大集采集配力度;综合利用基层服务网点,实行商业流通服务与便民服务代办一体经营;加强冷链、批发市场、集配中心和超市网点的有效对接,破解鲜活农产品上行保质减损增效难题;加强信息化平台建设,以智能化、精细化管理提升服务效率。其次,应与农村第一、二、三产业实现融合发展,兼容生产生活生态、融通农文旅的产业体系。通过建设观光体验基地、办农(牧)家乐、卖土特产,延伸了产业链,延长了价值链。不断提高农业质量效益和竞争力,为畅通国内大循环、促进内需发挥积极作用。最后,积极探索"供销社+互联网"模式,一是以社属企业为平台,采取股份制合作形式组建网络销售服务公司,倾力打造农副产品网络销售平台,实现"从田间到餐桌、从厂家到终端"经营模式的网络销售体系。二是积极引导企业入驻平台,组建专业电商团队,通过专业电商平台运营、网络直播、短视频等方式,举办网上购物节、博览会等宣传促销活动。三是结合旅游资源,开展农旅产品线上团购、线下体验推广活动,推进乡村休闲游与农产品网络销售融合发展。构建线上线下融合的农产品销售体系,多渠道拉动农产品上行。

(三)加快推进社有企业高质量发展,提升为农服务的产业支撑能力

社有企业是供销合作社为农服务的重要载体,近年来,供销合作社系统社有企业改革发展取得明显成效,为农服务能力持续增强。新形势下,为加快"成为服务农民生产生活的综合平台,成为党和政府密切联系农民群众的桥梁纽带",供销合作社应坚定不移地做强做优做大社有企业。应以推动高质量发展为主题,以提升为农服务能力为根本,以增强经济实力和市场竞争能力为中心,着力深化改革、创新转型、提质增效,不断做强做优做大,在全面推进乡村振兴、加快农业农村现代化中担负更大使命、作出更大贡献。一要大力推进社有企业转型升级。推进传统业务提质增效,运用现代流通的理念、方式、手段等要素,改造传统流通业态,推动供销合作社主营业务向产业链、供应链、服务链上下游延伸。大力培育新动能,积极拓展电子商务、冷链物流、农村寄递物流、"第四方物流"、智慧供应链等业务,不断壮大新的经济增长点。提升县域流通服务网络功能,通过建设县域集采集配中心,开展县乡村物流共同配送,为农民提

供质优价廉的商品,让农民在农村就能够享受到基本现代生活条件。优化社有资本布局,推动社有资本向为农服务主业集中,加快培育壮大一批龙头骨干企业。二要加快建立健全现代企业制度,着力健全市场化经营机制。健全法人治理结构、深化产权制度改革、加强企业内部管理、把党的领导融入公司治理各环节。强化社有企业市场主体地位,深化劳动、人事、分配三项制度改革,探索开展多种方式的中长期激励。对不同类型的社有企业实行差异化考核,加快建立有效管用的激励约束机制,激发企业内生动力和活力,强化企业内部管理,强化制度执行刚性约束。同时进一步理顺社企关系,联合社机关要把握好社有企业为农服务方向,切实发挥外派董事、监事的作用,加强社有资本监管,促进社有资产保值增值;社有企业要面向市场自主经营、自负盈亏。理事会要落实社有资产出资人代表职责,监事会要强化监管职能。三要以务实举措推进联合合作。全系统要围绕增强企业发展活力和为农服务能力,立足机制创新,打破行政区域和层级界限,推进社有企业跨层级、跨区域联合合作,推进产业链上下游协同发展,尤其注重加强与基层的联合合作,增强行业竞争力与话语权,不断提升服务水平。四要加快完善社有资产监管体制。充分发挥监事会作用,相关部门形成监督合力。要着力完善监事会组织机构建设。建立监督规范、高效运转、公开透明、廉洁创新、坚强有力的监督主阵地。要明确监事会职责,强化职能。社有资产管理、审计、纪检监察等相关部门也要形成监督合力,加强各级供销社资产监管的审计、业绩考核,将社有资产保值和增值分别列入年度考核指标。加大各级纪检监察部门对社有资产的管理运营监督审查的力度。

(四)促进主流业务与信息技术深度融合,推动为农服务数字化转型

立足新发展阶段,完整、准确、全面贯彻新发展理念,推动供销合作社为农服务的高质量发展,要以数据为关键要素,以数字技术与主流业务深度融合为主线,加强数字基础设施建设,完善数字经济治理体系,协同推进数字产业化和产业数字化,赋能传统产业转型升级,培育新产业、新业态、新模式,不断做强做优做大供销合作社的数字经济,为构建供销合作社的数字化服务提供有力支撑。一是提升装备智能化水平。采用或研究开发智能农机装备专用传感器,农机信息获取、智慧决策、精准作业、农机导航、高效调度、智能诊断、溯源分析和协同作业等技术,推动智能控制、卫星定位、农业物联网、大数据、农机自动驾

驶、农业传感等技术与农机装备融合应用，精准种植移栽、施肥施药、嫁接整枝、喂养管理、收获干燥等农业机器人和智能作业装备。二是进一步加快新型庄稼医院体系建设，建设庄稼医院综合服务信息平台，建设组织架构清晰、管理机制明确的庄稼医院体系，逐步实现生产过程规范化、质量控制制度化、生产经营产业化、产品流通品牌化，最终达到庄稼医院可持续发展，实现农产品安全优质生产，形成上下"一张网"、线上线下融合发展的农业生产全程社会化综合服务体系，努力把供销合作社打造成农民生产生活服务综合平台。三是统筹开展"数商兴农"和"数字供销"建设，合力培育农产品电商品牌，共同提升农村电商应用水平。供销合作社积极参与电子商务进农村，推进传统经营服务网点的数字化、智能化改造，拓展农产品电商销售，做实做强区域电商，参与推动扩大农村电商覆盖面，助力强化县级电商公共服务中心统筹能力，真正加强农业社会化服务。

（五）创新人才发展体制机制，加强为农服务人才队伍建设

创新以人才发展体制机制为核心，构建科学规范、开放包容、运行高效的具有合作经济组织特色的干部人事制度，逐步打造高素质的合作社领军人才、企业经营管理人才、为农服务科技人才、社会工作人才和联合社机关干部人才队伍，为供销合作社深化农业社会化服务提供有力的人才保障。一是充分挖掘现有干部人才资源潜力。供销合作社在长期服务"三农"工作中逐步形成了一支独具特色的干部人才队伍，是供销合作事业改革发展的重要依靠力量。要充分重视调动这支队伍的积极性，立足自身队伍素质的提升和潜力的挖掘，积极谋划，形成鼓励和支持人人都做贡献、人人都能成才，人尽其才、才尽其用的良好局面。二是加强基层人才队伍建设，充实优化基层人才队伍。创新基层用人机制和薪酬机制。实施"供销合作社教育培训工程"，为供销合作社改革发展提供人才支撑。开展省、市、县三级联合社主任轮训。三是加强教育培训，提高广大供销系统干部职工和农民社员素质。加强机关干部、社有企业和高管人才队伍建设，强化教育培训，建设好教育培训基地，加大人才培训力度，开展多种形式的供销合作社干部职工、企业经营管理人才、农民专业合作社带头人和农村实用技能培训，实现培训工作常态化。四是大力选拔和引进事业发展急需的高端人才。采取灵活多样的引进方式，通过招录、调任、专家及团队引进等方式着力引进一批事业发展亟须的企业管理、现代物流、电子商务、合作金融等方面的专业人才。充分利用国际合作社联盟的资源，鼓励支持各方面人才更广泛地参与国际交流。五是强化激励，探索建立科学的干部人才考核评价机制。注重发挥市场、专业组织、用人单位等多元评价主体作用，建立以岗位职责为基础，以品德、能力和业绩为导向的干部人才考评机制。强化激励，形成考核结果与薪酬待遇、培养实用挂钩的联动机制。在现有干部人事制度框架内，探索机关、企业、事业、主管社团业务有效对接融合、人才合理使用流动的机制。

第三部分　中国农村信用社发展研究报告

我国实现共同富裕和全面现代化,农村是短板。金融是经济的核心,农村社会经济发展离不开金融的支持。长期以来作为农村金融市场的主力军,农村信用社改革、发展的成败,对我国"三农"问题的解决、农业农村现代化及乡村振兴战略、共同富裕目标的实现,具有重要的影响。

一、农村信用社合作制的曲折历程

新中国成立后,为尽快把农民和农村经济引向社会主义道路,中央政府在农村推行合作化运动。1951年第一家农村信用合作社成立后,农村信用合作化运动发展迅速,1953年底,全国合作金融组织达到20067个,成为农村金融的主力军,对打击农村高利贷,改造小农经济作出重要贡献。然而,由于管理经验等方面的不足,农村信用合作社发展历经磨难,其管理主体从专业银行到央行,再到地方政府,其组织性质由合作制转变为商业化。历经70多年风雨,农村信用社至今依然是农村地区的重要金融机构,其发展历程见表3-1。

第三部分　中国农村信用社发展研究报告

表 3-1　农村信用合作社发展历史沿革

时间	主要事件	按产权和经营制度划分的发展阶段	
1951-03	农村信用社正式成立	创立阶段	创立发展阶段
1956	全国97%以上的乡镇都建立了信用合作社	创立阶段	创立发展阶段
1958	将农信社下放给人民公社管理	探索阶段——"几放几收"	创立发展阶段
1959	收回了下放给人民公社的管理权,将其下放给生产大队	探索阶段——"几放几收"	创立发展阶段
1962	农信社领导权从生产大队收回,由中国人民银行进行垂直领导	"官办化"阶段	创立发展阶段
1977	将农信社定义为国家银行在农村的基层机构	"官办化"阶段	创立发展阶段
1979	将农信社划归农行代管	"官办化"阶段	创立发展阶段
1984	农信社入股组建县联社	"官办化"阶段	创立发展阶段
1996	农信社与农行正式脱钩	"民办化"试点阶段	创立发展阶段
2000-07	江苏省信用社改革试点,挂牌成立了我国首批试点农商行	"民办化"试点阶段	市场化阶段
2003-06	八省市对农信社进行市场化改革试点	县联社阶段	市场化阶段
2003	县联社和乡镇信用社的两级法人改组成县级统一法人社,同时出资成立省联社,对农信社进行管理	县联社阶段	市场化阶段
2003-08	提出农商行、农合行、省联社成为农信社改革的三种主要模式,同时重点鼓励农信社改制成股份制银行	县联社阶段	市场化阶段
2004-08	农信社改革试点扩大到29个省	县联社阶段	市场化阶段
2005-08	上海农商行成立(第一家省级农商行)	县联社阶段	市场化阶段
2007-08	全国省联社建立完成	县联社阶段	市场化阶段
2010	银监会提出,现有农村合作银行要全部改制为农村商业银行,鼓励农信社改制为农商行	农商行阶段	市场化阶段
2010-12	重庆农商行赴香港成功上市	农商行阶段	市场化阶段
2012	省联社改革开始	农商行阶段	市场化阶段
2016	江阴、常熟、吴江、无锡农商行陆续在A股上市	农商行阶段	市场化阶段
2021-12	共10家在A股上市,2家在H股上市,1家在A+H股上市的农商行	农商行阶段	市场化阶段

二、县级农村信用社改革进展

（一）县级农信社改革背景及政策

1.改革背景

20世纪90年代，国有商业银行在商业化改革后纷纷撤回县域分支机构，农信社成为服务"三农"的主力军，但因历史包袱沉重，经营机制和内控制度不健全等方面原因，大部分农信社已资不抵债。2002年，全国农信社不良贷款余额5147亿元，不良率为36.93%，历年亏损挂账1308亿元，资本充足率为-8.45%，基本生存已难以维持，改革势在必行。

2.央行多元化改革方案

2000年8月，由中国人民银行批准，江苏省率先开展了农信社改革试点工作。2003年，国务院印发《深化农村信用社改革试点方案》，将改革试点逐步扩大到吉林、山东、江西、浙江、江苏、陕西、贵州、重庆8省（直辖市），要求"把信用社逐步办成由农民、农村工商户和各类经济组织入股，为农民、农业和农村经济发展服务的社区性地方金融机构"。明确农村信用社可自主选择股份制[①]、股份

---

① **股份制** 以追求利润最大化为目标，不按人数投票，而是实行按股投票的表决方式，股份制银行的设立要按照《公司法》的有关规定执行。我国农村信用社产权问题一直是一个模糊、不规范和难以解决的问题，通过对农村信用社进行股份制改造，可以明晰产权关系，解决所有者缺位问题，避免经营中的非市场化行为。

合作制①、合作制②三种产权制度和农村商业银行③、农村合作银行④、县（市）统一法人和县、乡两级法人农村信用社四种组织形式。自此，农村信用合作社的官方名称中去掉了"合作"二字，意味着这次改革，国家不再按照合作金融原则重新规范发展农村信用社，标志着农村信用合作社性质的改变。2004年6月，国务院再次下发通知，决定进一步扩展试点范围至除海南和西藏以外的21个省（自治区、直辖市）。

2003年启动的新一轮农信社改革配套了"花钱买机制"的资金扶持方案：农信社历年亏损和资产损失由中央和地方共同分担。国家综合运用财政、税收、资金支持政策，帮助农村信用社消化历史包袱，不惜重金花钱买机制。央行出资1687亿元票据资金，用于置换农信社不良资产和历史亏损挂账，国家财政对1994—1997年保值贴补息予以返还补贴，西部地区试点社的企业所得税暂免，其他地区减半征收，允许农村信用社在基准利率的0.9～2.3倍范围内对贷款利率进行调整。

3.银监会商业化改革方案

由于实践中采取合作制、股份合作制产权制度的农村信用社，事实上已经偏离了合作金融的目标而趋于商业化经营。2011年，银监会提出将全国农村信用社逐步改制为农村商业银行的目标，明确其性质从合作制改为商业性，但

---

① **股份合作制** 兼顾了股份制与合作制的特点，既可以按照股份制要求，进行市场化经营，追求利润最大化；也可以充分考虑社员的利益，为农村信用社的社员优先提供金融服务。但是从操作层面看，股份制与合作制本身就是两种不同的产权制度模式，将两种制度结合后，市场化经营方向与非市场化的服务需求便成为难以调和的矛盾和问题，所以股份合作制具有天然的内部不稳定性，在操作中存在一定的问题隐患。

② **合作制** 不追求利润最大化，以服务最大化为目标，管理上充分体现民主性，实行一人一票的表决方式，合作制银行主要是通过自然人、企业法人共同出资，按照相关合同约定发起设立，合作社成员可获得优于其他客户的服务。合作充分考虑了社员的基本权益，但在一定程度上也影响了农村信用社的生存与发展，不以营利为目的的经营活动违背了市场经济规律，不利于农村信用社的持续健康发展。

③ **农村商业银行** 是指在农村信用社资本规模、法人治理结构等条件完全达到《商业银行法》规定的最低要求，而将其改组、联合成主要服务于农村社区的统一法人机构银行。属于"高度集中统一的经营管理的企业法人"形式。

④ **农村合作银行** 是指在农村信用社资本规模、法人治理结构等条件基本或不完全达到《商业银行法》规定的最低要求，而将其改组、联合成主要服务于农村社区的带有合作性质的股份制银行。属于"相对集中经营管理的企业法人"形式。

其服务"三农"的定位，农村金融主力军的地位没有改变。2014年，银监会发布《关于鼓励和引导民间资本参与农村信用社产权改革工作的通知》，引导民间资本对农村信用社实施并购重组。在这些政策推动下，各地通过股份制将农信社改制为农商行。

4.改革指导原则演变

2006年，时任央行行长助理易纲正式提出"保持县域法人地位总体稳定"的改革原则，该原则在2008年首次写入中央一号文件，2018年又升级为"保持县域法人地位和数量总体稳定"，该原则在中央一号文件、全国金融工作会议等重要文件、会议中被频频提及，成为农信社改革的"首要原则"。

2022年1月4日，《中共中央 国务院关于做好2022年全面推进乡村振兴重点工作的意见》提出"加快农村信用社改革，完善省（自治区）农村信用社联合社治理机制，稳妥化解风险"。为深入贯彻中央经济工作会议、中央农村工作会议精神，认真落实《中共中央 国务院关于做好2022年全面推进乡村振兴重点工作的意见》工作部署，2022年3月30日，中国人民银行印发《关于做好2022年金融支持全面推进乡村振兴重点工作的意见》，针对农信社改革化险，文件提出"保持商业可持续的县域法人地位长期总体稳定"。至此，"县域法人数量稳定"这条农信社改革坚守了16年的重大原则，首次出现重要变化。"数量稳定"不再提及，"保持商业可持续"成为重要的前提条件。

中央政府和监管部门根据农信社改革中出现的问题做出的改革指导原则和政策调整，为农信社改革指明方向，为农信社实现商业可持续和服务"三农"等目标具有重要意义。

（二）县级农信社改革进展

1.产权改革进展迅速

截至2021年12月底，全国34个省、自治区、直辖市、特区中，西藏没有农村信用社，港、澳、台没有数据，北京、上海、天津、重庆4个直辖市农信社全部转制为农商行，其余25个省、自治区中，江苏、安徽、江西、湖北、湖南、广东、青海、宁夏等8省、自治区的县级农信社已经全部转制为农商行，浙江、山东省各1家县联社尚存，其余16个省、自治区正在加快推进县级农信联社改革（见图3-1）。

农村信用合作社改制而来的农村合作金融机构法人数量达2196家，其中，

第三部分　中国农村信用社发展研究报告

农村商业银行1596家,农村合作银行23家,农村信用社577家(包括25家省级联社,1家省级结算中心,551家县级联社)①,农合机构法人数量在全国银行业金融机构中占比47.7%。在服务"三农"、实现农村共同富裕、乡村振兴、普惠金融、区域协调发展等重大战略的实施中发挥重要作用。

从县级机构法人数量看,农村信用社县级法人机构数量从改革初的2004年的32869家下降到2021年底的551家,降幅达到98%(见图3-2)。农村商业银行法人机构数量从2004年的7家,增加到2021年底的1596家,增长幅度超过228倍。2004年末农村合作银行法人机构数量是12家,2021年底为23家(见图3-3)。总体上看,我国的农信社县级法人机构数量骤减,农村商业银行法人机构数量剧增,说明经过十几年的改革,清理、整顿、关闭、合并、转制了不少农信社和农合行,使其法人机构总数大幅下降;也说明农信社系统在产权制度和组织形式上由"去合作化"向"商业化"转型趋势已经形成。

随着产权改革的推进,农信社组织结构逐步建立健全,"三会"组织架构确立,法人治理能力得以改善。

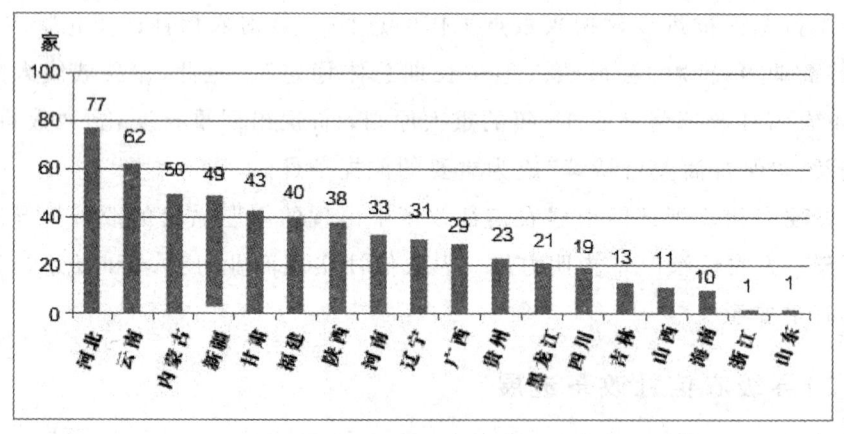

图3-1　2021年12月底18省(自治区)农村信用社县级法人机构数量

(数据来源:根据银保监会网站发布的数据整理)

---

① 银保监会2022年3月28日发布:银行业金融机构法人名单(截至2021年12月30日)http://www.cbirc.gov.cn/cn/view/pages/govermentDetail.html?docId=1043881&itemId=863&generaltype=1。

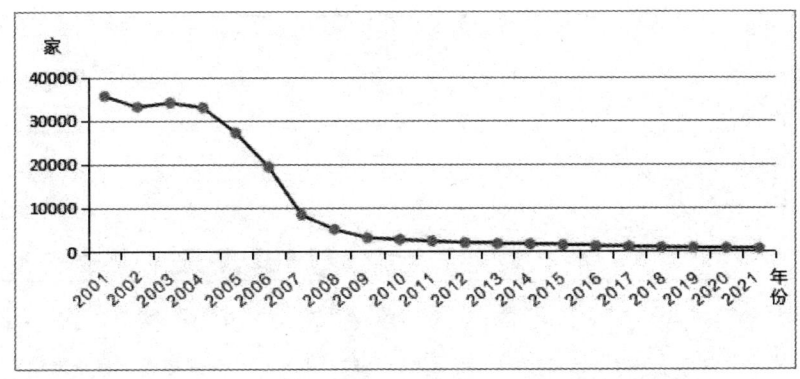

图3-2 2001—2021年农村信用社县域法人机构数量变化

（数据来源：银保监会网站，中国人民银行货币政策司，中国金融年鉴，银监会年报）

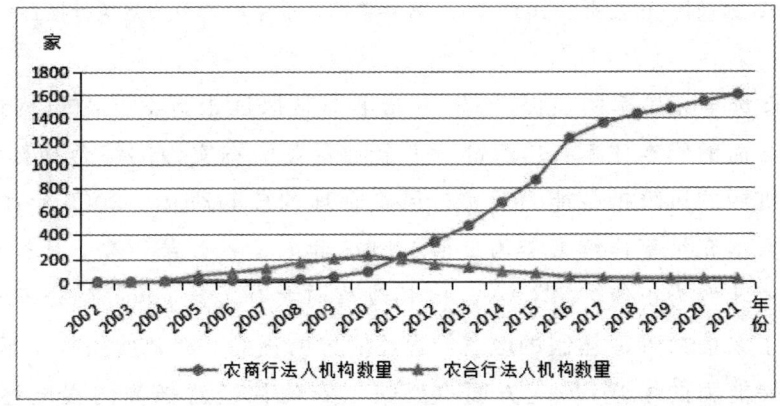

图3-3 2002—2021年农村合作银行和农村商业银行法人机构数量变化

（数据来源：银保监会网站，中国人民银行货币政策司，中国金融年鉴，银监会年报）

2.可持续发展能力显著提升

农信社的不良贷款率显著降低：我国农村信用社改革之前，不良贷款率很高，2002年，其不良贷款率高达36.9%。自2003年农信社改革以来，其不良贷款率迅速下降（见图3-4）。到2021年末，农信社的不良贷款率大幅下降30多个百分点，农商行不良贷款率为3.63%，较改革初期降幅明显。农信社不良贷款率的下降表明我国农信社的经营管理水平逐步提高，可持续发展能力进一步增强，资金实力显著增强，支农服务实力明显提高。但与同期农商行和整个商业银行不良贷款率相比，农信社不良贷款率依然偏高，说明农信社经验管理能力还有一定的提高空间。

第三部分　中国农村信用社发展研究报告

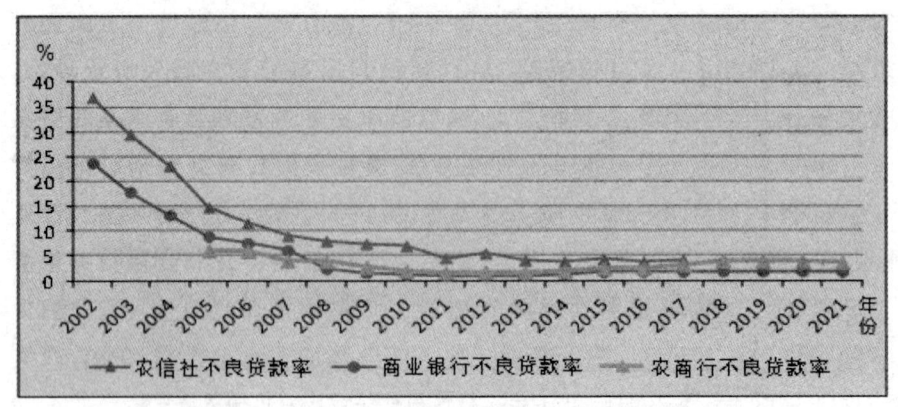

图3—4　2002—2021年农信社、农商行和商业银行不良贷款率

（数据来源：银监会、2002—2021各年第四季度中国货币政策执行报告）

　　农信社资本充足率明显提高：资本充足率是保证银行等金融机构正常运营和发展所必需的资本比率，是衡量一个金融企业资本实力的综合指标，也是衡量该金融机构的风险抵御能力及实行风险管理的核心所在。2003年改革以前，农信社的资本充足率连续多年为负值，2003年农信社改革以来，其资本充足率逐步由负值转变为正值（见图3—5），较改革前大有提升，较高的资本充足率一方面反映了农信社管理体制的改善，管理能力的提高，资金使用效率显著提升，可持续发展能力的增强；另一方面也反映了农信社经营稳健的程度逐步提高，对存款人和债权人的资产保障能力增强。但是，与商业银行资本充足率相比，农信社的资本充足率较低，说明其经营的稳健程度低于商业银行。

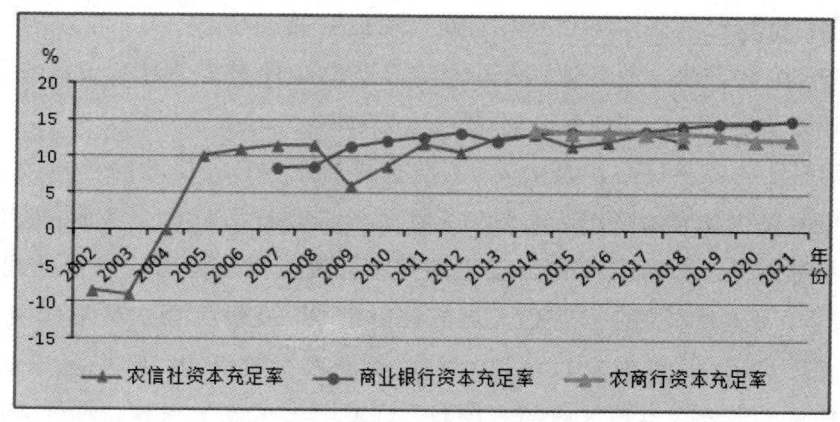

图 3-5　2002—2021 年农信社、农商行、商业银行资本充足率

（数据来源：中国金融年鉴，中国银监会）

（三）县级农信联社改革存在的问题

改革后的农村信用社在产权改革、服务"三农"、可持续发展能力等方面都显著提高，农村信用社按照现代金融企业制度的要求，逐步完善"三会"议事规则，初步形成了决策、执行、监督相互制衡的法人治理体系。然而实际运行中还存在很多问题：产权制度改革缺乏实际内容，没有实质改变；法人治理结构未发生根本变化，内部人控制依然严重；一些改革的成效是表面性的，缺乏实际价值。

1. 产权与治理问题

省级联社与县级联社的产权与治理关系：2003 年改革试点方案中将农村信用社交给地方政府管理，省级政府不直接管理农村信用社，而是委托给省级联社代为行使经营管理职能，省联社由县联社共同出资组成，理应由县联社（出资人）决定省联社的重大事项，但是按照改革文件要求，省级政府依然要对农村信用社各项活动负有管理责任，对辖内农村信用社经营风险和潜在风险也要承担无限连带责任，这一方面使得农村信用社希望地方政府对一切不良贷款负责，道德风险由此产生；另一方面大多数省政府沿袭以往自上而下的制度供给路径，通过省联社强化了对农信社的管控，不同程度地掌握了辖区农村信用社高级管理人员的人事权；基层政府部门也有机会参与地区农村金融资源配置，干预农村信用社自主经营。造成省级联社和县级行社之间"股权与控制权的反向配置"

关系,这与市场经济条件下股权与控制权的配置状态是不一致的。农信社在省联社领导下,缺乏独立的高管任命权力,因此由高管制定的经营策略中体现出明显的地方政府意志,非市场化经营风险凸显。

县级联社内部产权与治理关系:按照合作制原则,农信社的社员大会是社员行使民主管理权利的场所,也是"三会"中的最高权力机构。然而,农信社作为合作金融组织,由社员股东出资入股组成,股东数量众多,股权结构分散,社员(股东)大会对理事会和管理人员的控制很弱,社员大会依然形同虚设,职责难以有效发挥,是当前农村信用社中最无责无权的机构,股东参与意愿低,控制权缺失。理事会容易被内部人控制,监事会大多流于形式,农村信用社法人治理结构难以有效运行,"三会"治理结构依然"形似而神不似"。

2.风险控制问题

2003年农村信用社改革后,虽然其不良贷款率大幅下降,盈利能力显著提高,可持续发展能力显著增强,但是其风险与商业银行相比依然较大。

从央行发布的金融机构评级看:2019年、2020年和2021年第四季度金融机构评级[①]可知:8—D级的高风险金融机构主要集中在农村中小金融机构。农合机构(农商行、农信社、农合行)风险最高,2019年高风险机构资产占本类型机构总资产分别为3.05%、1.83%、0.14%;2020年资产占本类型机构的8%;2021年资产占本类型机构的5%。这些数据表明改革后的农信社、农商行和农合行资产风险依然很大,可持续发展能力还有待提高。

从中央和地方审计部门审计结果看:2018年发布的审计报告表明,部分农信社不良率偏高、违规输血房地产及城投、股权质押比例超过监管规定上限、违规核销不良贷款等。

河北、海南、四川、陕西、吉林等省审计厅在审计报告中指出,这些省农村信用机构存在拨备覆盖率达标率较低,缺少反映不良贷款和不良贷款率超过5%的监管指标,经营行为存在潜在风险,将资金投向房地产、政府融资平台公司、"两高一剩"等限制性行业和领域等问题。

---

① 央行评级每季度开展一次。评级等级划分为11级,分别为1—10级和D级,级别数值越大,表示机构风险越高,D级表示机构已倒闭、被接管或撤销,评级结果为8—10级和D级的机构被列为高风险机构。

2018年12月,审计署公布的《2018年第三季度国家重大政策措施落实情况跟踪审计结果》指出:安徽省、黑龙江省、江西省、吉林省和四川省的个别金融机构通过人为调整资产评级等方式掩盖不良贷款13.39亿元。

农信社是地方性金融机构,使得农信社不能跨地域分散风险,受制于当地经济发展状况和产业结构。2020年以来受疫情等因素影响,经济整体下滑,一些地区县域经济增速放缓,区域内产能过剩;农信社主要服务对象是"三农",农民是弱势群体,农业是弱质产业,农村金融生态环境较差,包括农村较为落后的信用信息环境,农民较低的金融意识和风险意识等;农信社法人规模比较小,历史负担比较重,抗风险能力差,经营比较粗放,贷款机制不健全。以上因素导致农信社金融风险偏高,风险控制能力偏弱。因此需要通过进一步推进农信社改革,逐渐化解其面临的风险,避免其风险扩散蔓延为区域性、系统性金融风险。

3.支农与发展问题

"三农"资金需求特点是投资规模较小、成本较高、盈利能力较差、资金回收周期较长,商业银行为"三农"提供金融支持的动力不足。因此,农村信用社等农村金融机构在政策引导下,承担起支持农业发展的政策性任务,而农信社在转化为商业银行目标驱动下,其盈利动机更强。在监管要求下,与其他商业银行具有相同的盈利性、流动性和安全性标准,只在程度上有差异,这三性是自主经营的保证,用于谋求经济利益。

支农的重任是国家制度性强加给农信社,并对支农业务作了比较具体的规定。农信社由此具有政策性业务和商业性业务交叉的特殊属性。在这种双重属性下,在现有条件下,农信社既要避免风险,又要支持农村经济和县域经济发展,在现行制度安排下是一个两难问题,难以实现市场化的商业运营,导致其成本收益不匹配,信贷风险防控机制难以落实,即使在商业化改制中仍缺乏有效的市场化竞争能力,经营能力与承担责任不相称的矛盾凸显,造成农信社信贷支农政策目标和可持续发展效益目标的冲突。由于政府对农信社支农无法提供足够的保障和补偿,结果政策性支农往往损伤了农信社的经济利益,农信社产生逃避或转嫁支农风险的自保动机,损害了支农的成效。

第三部分　中国农村信用社发展研究报告

4.市场竞争问题

农村金融机构准入门槛降低：2006年中央决策部门降低了农村金融机构准入门槛，批准设立新型农村金融机构。截至2021年12月底，新型农村金融机构中，村镇银行1651家，贷款公司13家，民营银行19家，农村资金互助社39家①，一些农民专业合作社也办起了金融互助业务，国家鼓励大型金融机构业务下沉，开放式竞争格局的农村金融市场初步确立。

金融科技快速变化：2013年以来，随着计算机应用技术和移动通信技术的不断发展，互联网金融异军突起，在快速蚕食传统的金融市场。2022年2月，中国互联网络信息中心（CNNIC）发布的报告显示：截至2021年12月，我国农村地区互联网普及率为57.6%②。农村地区网上银行开通数量累计达6.12亿户，增长15.29%；2018年发生网银支付业务笔数102.08亿笔，小幅增长，金额147.46万亿元，小幅下降。非银行支付机构为农村地区提供网络支付业务共计2898.02亿笔、金额76.99万亿元；同比分别增长104.4%、71.11%。其中，互联网支付、移动支付增长迅速。非银行支付机构为农村地区网络商户提供收款5.32亿笔、金额2626.31亿元，同比分别增长92.53%、46.58%③。

随着农村互联网的普及，农村网民人数的增长，互联网金融对农村信用社在资金、客户、业务、利润等各领域的分流和蚕食效应将逐步显现。农信机构观念、技术、人才等存在短板，部分农信社难以适应。

---

① 数据来源：2022年3月28日，中国银保监会网站发布银行业金融机构法人名单（截至2021年12月30日）。

② 数据来源：2022年2月，互联网络信息中心（CNNIC）发布第49次《中国互联网络发展状况统计报告》。

③ 数据来源：2019年4月2日，中国人民银行发布《2018年农村地区支付业务发展总体情况》。

案例分析

从网格化"扎根"到平台化"上云"
——安徽农信引领安徽农商行的"数字化"转型之道

技术的飞速发展深刻改变了人们的生活习惯,一场疫情改变了全球经济形势,也使银行服务形态产生了巨大变革。如何打好数字化转型攻坚战,已成为各家商业银行共同面对的重要难题。

作为83家农村商业银行的引领者,安徽省农村信用社联合社聚焦数字经济时代下中小银行面临的挑战和机遇,以及疫情给银行带来的改变,紧抓数字化变革主线,加速金融与科技的深度融合,以开放的姿态"跨界"合作,广开渠道挖掘技术人才,进行全面的数字化转型。

一、数字化转型是安徽农信发展的必由之路

党的十八大以来,中国进入经济发展的"新常态"。新常态之下,受经济放缓、金融脱媒、利率市场化等多重因素的冲击,商业银行面临着负债成本上升、经营包袱加重、经营绩效降低、不良资产反弹等问题和挑战,业务增速显著下降,盈利增长开始放缓,尤其是各银行纷纷开始布局和抢占农村金融市场,农商银行(农信社)网点多、分布广、地缘关系密切的优势在逐步削弱,市场竞争压力明显加大,这是外部环境给安徽农商银行带来的挑战。

随着数字技术的不断演进,大型商业银行数字化转型也逐渐走向深入。而农商银行系统长期深耕于本地金融,受限于当地区县经济发展、服务对象的数字化、智能化设备普及程度等,开放程度和数据规模远不及国有大型和全国性股份制商业银行,这是内部环境给农商银行带来的挑战。

正是因为这些挑战,让农商行更坚定了数字化转型的决心。农商行坚持服务"三农"、服务社区、服务县域、服务中小微的宗旨,充分发挥农商行线下人缘地缘优势,坚持线上线下融合发展,开启数字化战略转型。

二、安徽农信数字化转型措施

一是搭建了平台,夯实了数字化转型基础。2018年上线了大数据平台,在充分挖掘内部金融数据的基础上,通过引入外部数据进一步丰富数据维度和覆盖面,为数据采集、数据加工、数据服务奠定了平台基础。同时还大力推进大数据在产品设计、精准营销、风险防控及农商银行的个性化需求等方面的创新应用,为数字化转型奠定了良好的基础。

二是完善了机制,强化了数字化转型保障。全面的数字化转型,不只是新金融科技在金融业务上的应用,更重要的还在于体制和机制的变革。近年来,各大银行开始探索成立金融科技公司,安徽省联社受牌照、机制、体制等因素制约,难以在市场化、公司化等方面取得突破,但在组织、人才等方面倾注了大量心血,为数字化转型提供了强大保障。具体包括:

1.构建与数字化业务相匹配的数字化组织和管理方式

为了进一步顺应当前数字化发展趋势,安徽农信把金融科技发展和数字化转型放到更加重要的位置,在理事会下设金融科技委员会,负责全系统金融科技发展方向和重点规划,统筹前沿金融科技的研究,协调推进重大金融科技项目和工作的落地。同时加快推动部门架构优化步伐,目前电子银行业务已实现从单纯的渠道到平台再到生态的转变,服务内容从结算类向生活类、数字类、资产类等方面渗透。

组织架构应适应未来发展的需要,而不是按部就班、一成不变的。这对敏捷化组织提出最基本的要求:实现经营降本增效,对新兴业务快速反应。因此,在组织架构调整上,明确了部门职责边界,承担和负责个人、社区及小微的"创新引领、数字驱动、运维服务、业务推动"等职责;下一步将逐步探索按照大部门、事业部制、公司化的改革方向,把电子银行部建立成一个架构清晰、协调有力、运转高效的部门机构。

2.组建金融科技人才队伍

金融科技的发展,离不开科技人才的支撑。随着近年来大数据、人工智能等技术的快速发展,BATJ等公司依托科技优势,开始参与传统上属于银行的金融业务,开展了一系列借贷、理财、支付、保险、众筹、征信等传统业务。金融科技倒逼传统金融机构改革,特别是对区域性中小银行来说,金融科技能否持续良好发展,关键在于要建立一支高素质的科技金融人才队伍。

在当前金融科技快速发展形势下,金融科技从业人员需要有多向思维的综合能力,需要用跨界的眼光、跨界的思维和跨界的方法。特别是当前金融科技产品创新层出不穷、技术创新日新月异,这要求银行改变传统的人才培养思维,那就必须要在"造血、输血、活血"方面下功夫,锻炼和培养一批真正在金融业务知识、网络信息技术、市场营销技能、风险管理水平等方面知识复合、技能交叉的复合型、高素质金融科技人才。

安徽农信注重推荐优秀骨干到农商银行挂职锻炼,参与重点项目建设,到先进银行、国内高校学习深造,参加多层级培训等,让现有人员潜能得到最大发挥,通过系统性的培养,其中部分人员已成为金融科技重要项目的负责人或重要参与者,这就是"造血"。

制定了引进人才标准,建立了人才引进常态化机制,面向国内同业、互联网等行业招才引智,不断补充新鲜血液,努力形成优秀人才脱颖而出和持续流入的良好局面。近年来,安徽农信从国有银行、股份制银行、银联、大型互联网公司等外部机构陆续引进数十名高端专业人才,这就是"输血"。

充分调动员工的积极性、主动性,最重要的就是要破除体制机制障碍,建立使各方面人才各得其所、尽展其长的长效机制,才能留住人才,激发组织活力。在推动晋升和激励机制的优化改革方面,力争为金融科技人才的发展和成长创造更大的空间,努力形成优秀人才脱颖而出的良好局面,充分调动各个岗位人员的工作积极性和工作热情,这就是"活血"。

三、重视与金融科技企业之间合作

区域性银行与金融科技企业的合作是二者在资源配置、资源利用等方面的一次重要尝试,它打破了曾经行业间、企业间"老死不相往来"的壁垒。近几年来,双方合作的成功案例比比皆是,就说明了这种互利共赢、优势互补的合作模式是大势所趋。只有紧跟监管政策的导向,保证业务风险可控才能真正地实现技术创新、服务开放。因此,合作伙伴对银行风险防控水平提升能力是重中之重。

从业务操作层面来讲,安徽农信线上贷款产品"金农信e贷",从申请到放款需要经过多数据源的交叉验证,合作伙伴的"生物识别"技术是否成熟,可疑交易是否能够记录、欺诈行为是否能够辨别就是对其技术能力评价的关注点;从业务管理层面来讲,合作伙伴是否拥有信息重组、科技输出、策略设计等能力,帮助银行降低信息不对称,提升业务处理准确性,更是一个金融科技企业应该具备的"硬核"能力。

四、"科技抗疫"成效显著

突如其来的疫情是2020年最大的"黑天鹅",但疫情也在一定程度上加速了银行的数字化进程,安徽农信用金融科技手段"科技抗疫"成效显著。

2020年安徽农信提出了"3325"(推出三个创新产品、搭建三大智慧平台、做好两类资产业务、推动五项场景建设)工作思路,由于疫情原因给3.0版手机银行、企业手机银行、小微企业在线贷款三个创新产品,及"金农云数""金农云享""金农云智"三大智慧平台建设进度造成了一定的影响。

疫情期间,安徽农信手机银行、网上银行、社区e银行、金农信e付、金农信e贷等电子银行产品在疫情期间为客户提供了全时空、全覆盖、全方位的便捷服务,实现了零接触金融服务不掉线的愿景。2020年除夕至正月,全系统柜面交易量不足2019年同期的二分之一,但电子银行渠道交易量较上年同期翻倍,纯线上贷款产品"金农信e贷"申请达到5.66万人次,签约客户1.5万户,授信金额达到15.7亿元,通过手机银行自主操作的放还款65万笔、金额224亿元;手机银行定活互转金额超过6亿元,大额存单购买和赎回的规模达到1.5亿元,理财产品交易规模15亿元;基本涵盖全省水电气、学费、党团费等的"云缴费"服务缴费数超4.3万笔、金额1亿多元;手机银行交易量达350万笔、金额615亿元,是网点柜面个人转账汇款交易量的60倍,社区e银行特别开辟出了"防疫专区",上半年防疫类商品交易量超过7300件、交易金额27.71万元,助农类商品交易量达到15.58万件、金额430.22万元,极大满足了疫情期间老百姓日常金融、生活服务的需求。

五、积极布局"新基建"

疫情过后,新型基础设施建设已经上升为国家战略,并将成为驱动经济和社会发展的重要引擎。安徽农信为"新基建"积极规划和布局。

安徽农信着重推动信息化建设,以新产品、新服务为广大客户提供多元化服务为出发点,以不断提高金融服务的覆盖率、可得性和满意度为落脚点,以运用大数据、云计算、人工智能等新技术作为实现手段,将"新基建"真正落到实处。

用产品和服务说话,"金农云数"平台在加强与安徽省数字资源局、地方政府、外部专业机构的合作,引入政务或外部数据,进一步丰富数据平台的数据维度和覆盖面的同时,还发挥了自身本土优势,结合乡风文明和信用村建设,通过"扫村扫户"的网格化手段,线下收集了更多更详尽的非标准化客户信息数据,持续丰富数据指标和标签体系,并推出安徽农金"信用分"产品,打造出极具安徽农金特色的信用体系。基于"金农云数"大数据平台支撑的"金农云智"营销管理平台,可以实现包括客户画像展示、客户群体分层、营销活动配置、营销结果评价、营销渠道和营销方式管理等功能;运用商业智能技术,搭建"金农云享"平台,通过对行内金融数据的深入分析、整合和挖掘,构建多维度的经营、考核指标体系,具有集交易数据展现、经营数据分析、考核评价管理、业务异常预警等功能于一体的决策支持系统。

以上只是安徽农信"新基建"布局的一个缩影,但是由小见大,每一个细节都是组成"新基建"目标的基础,未来安徽农信仍将不断前行,用实实在在的产品和服务扮演好"建设者"的角色。

六、推动普惠金融服务升级

普惠金融作为推进乡村振兴的重要路径之一,目前还存在很多困难和问题,安徽农信积极推动普惠金融服务升级,打通普惠金融服务"最后一公里"。

近年来,安徽省联社认真贯彻落实党的十九大精神,扎实推进乡村振兴战略,对安徽农商银行系统服务乡村振兴做出阶段性部署,明确了十大举措和五大目标。

普惠金融服务升级措施和打通普惠金融服务"最后一公里"其实是相辅相成的,普惠金融服务升级的终极目标就是要完成这"最后一公里",而"最后一公里"就势必需要推动普惠金融服务升级,这也是安徽农信正在做的。

一是坚持走数字普惠金融发展路径。特别是新冠肺炎疫情使得数字化、线上化金融服务能力和优势进一步凸显,坚定走数字普惠金融发展道路是农商行的成功之路、必由之路。为此,安徽省联社在《2020年理事会工作报告》中提出了向"四个银行"(线上银行、数字银行、智慧银行、普惠银行)转型的目标,制定了"3325"的数字普惠金融发展工作思路,持续、坚定推动数字普惠金融发展。

二是加大了数字普惠金融产品创新。把手机银行作为便民、惠民服务的重要载体,并持续完善这一线上服务渠道,目前可为居民提供转账、查询、贷款、信用卡、缴费、购物、电子证件7大类47项在线服务,且所有服务均免费,真正做到安全、快捷、惠民。截至2020年9月,安徽农信全省手机银行客户已突破1254.6万户,基本实现了"户户通"。"金农信e付"聚合扫码支付产品,实现了一码多用,既可实现客户通过不同支付工具完成扫码支付,又可支持商户完成多渠道的收单业务,实现其资金的统一归集和清算。

为了给农村地区行业类MIS商户、中小微商户提供更优质的收单结算服务,安徽农信建设了"云收单"平台,方便农村地区用户缴纳水费、电费、学费等费用。目前,各类收单商户近140万户,基本上涵盖了全省衣食住行文教娱各个行业,遍布了全省城乡的各个角落。

乡村振兴带来的政策机遇前所未有,金融科技为做好数字普惠金融提供了更大可能,未来安徽农信将继续发挥好农村金融主力军作用,不断拓展普惠金融服务的广度与深度,持续支持乡村振兴发展。

——资料来源:根据《中国电子银行网》相关资料整理

三、省联社改革进展

随着农信社产权改革的不断推进,省联社管理体制弊端越发凸显。农村信用社改革进程由此进入第二阶段,省联社改革成为重点。

(一)省级联社的由来

2003年6月,国务院正式出台《深化农村信用社改革试点方案》(国法〔2003〕15号),提出深化农村信用社改革要重点解决好信用社产权制度和管理体制问题,将信用社的管理交由地方政府负责。其中,管理体制可选模式包括:

省级联社①、信用社协会②、地方金融办③和地方金融监管办④等多种模式。明确了"试点地区可本着精简、高效的原则,简化管理层次,结合当地实际情况,成立省级联社或其他形式的省级管理机构,在省级人民政府领导下,具体承担对辖内信用社的管理、指导、协调和服务职能",也就是主要推荐省级联社模式。

省级联社模式使得地方政府拥有更大的主动权,对其积极推动农信社改革,化解农信社风险具有重要的激励作用;农村合作银行和农村商业银行的成立条件较高,多数农信社达不到要求;信用社协会属于民间半官方性质的自律性组织,难以有效地执行省级政府的各项政策措施,不利于集中信用社的人、财、物,不利于整个信用社改革的顺利推进;地方金融办属于省级政府行政职能部门,不利于省级人民政府遵循政企分开的原则;地方金融监管办模式则要将一些监管职能和权力从中央银行监管部门转移出来,短期内不利于风险控制。地方金融办和地方金融监管办没有资金运用权,不利于集中信用社的人、财、物,且地方政府要对信用社承担更直接的责任。省级联社模式既有利于省政府通过经济、行政等手段控制信用社,又可以避免直接而完全地承担信用社问题。

(二)省联社模式出现的问题

由于顶层设计的缺陷,省联社存在多重属性,既是省政府对农信社系统的行业管理机构,又是接受银监部门监管的金融企业,还是下级法人单位出资的股权式联合体,导致法理关系模糊,履职边界不清,政府强化监管责任与干预

---

① **省级联社** 是指在各县级农村信用社为独立一级法人的情况下,由各县级农村信用社向上持股而成立的法人机构,其在省级人民政府领导下,具体承担对辖内信用社的管理、指导、协调和服务职能。属于"集中经营管理的企业法人 + 分散经营的企业法人"形式。

② **信用社协会** 是指在各信用社均为独立法人的情况下,由信用社自愿组成具有民间或半官方性质的,维护信用社合法权益的行业服务机构。协会不具有经营管理或监管等职能,而只有服务、协调和指导等职能。属于"相对松散的行业自律组织 + 分散的企业法人"形式。

③ **地方金融办模式** 是指将若干个具有独立法人资格的信用社置于独立或挂靠于经济综合管理部门的地方金融办下,省级政府对其辖内信用社行使管理、指导、协调和服务等行政职能,而无经营职能,对辖内信用社承担直接责任。属于"相对分散管理的行政部门 + 分散的企业法人"形式。

④ **地方金融监管办模式** 是指成立一个将所有地方性金融机构包括农信社在内纳入地方政府监管的部门,其标准和机构准入由中央金融监管部门掌控,而地方金融机构风险及损失由地方政府监管及承担。在这种模式下,省级政府对其辖内信用社行使管理、指导、协调和服务等职能,而无经营职能,对辖内信用社要承担更直接和完全的责任。属于"集中监管的行政部门 + 分散的企业法人"形式。

经营管理的矛盾。

从产权归属看,农村信用社、农商行是省联社的股东。根据现代公司治理制度,省联社应该接受其股东的管理,由农信社、农商行等股东组成的股东大会,选举产生董事会,通过董事会来任命省联社的高管。但现实中却是农信社、农商行要接受省联社的管理,股权关系与管理关系出现"倒挂"。省联社代表省政府管理农信社,下设办事处(审计中心)。有的地方将辖内部分农村信用联社、办事处整合,组建了地市级农商行,一套班子两块牌子,既负责农商行的经营管理,又对农商行和其他信用联社进行监管,致使办事处(审计中心)出现权责不清、管理越位、管理不到位的现象。省联社掌握着农信社员工的录用权、干部的任命权和处分权,在一定程度上控制了辖内农信社具体的经营管理活动。农商行是独立的企业法人,客观上要求自主经营、自主管理。农信社、农商行仍然由省联社统一管理,没有真正实现"谁出资,谁管理,出了问题谁负责"的现代公司治理模式。随着越来越多的农村信用社改制为农村商业银行,以及部分农村商业银行上市,省联社与农商行、农信社之间的矛盾也在升级和深化。

省联社目前实行的行政管理方式与现代公司治理理念背道而驰,因此,省联社改革的核心是理顺管理体制,在保持农村信用社具有可持续发展能力的县域法人数量总体稳定的前提下,选择适宜的管理模式,如金融控股集团或者"银行＋金融控股"等模式。

(三)省联社改革政策演变

2012年7月,银监会出台《关于规范农村信用社省(自治区)联合社法人治理的指导意见》,提出将省联社职能定为"对社员行的服务、指导、协调和行业管理",改革焦点是如何实现"淡出行政管理职能,强化服务职能"及健全法人治理结构。

2016年3月,十二届全国人大四次会议审查通过的"十三五"规划中关于农信社改革的表述"推进农村信用社改革,增强省级联社服务功能"。

2016—2018年连续三年的中央一号文件先后提出"开展省联社改革试点""抓紧研究制订省联社改革方案""推动农村信用社省联社改革"。

2019年1月29日,央行等五部委印发《关于金融服务乡村振兴的指导意见》,提出要积极探索省联社的改革路径,理顺农信社的管理体制,并对基层农信社和省联社间的关系进行了明确的界定,强调了农信社独立的法人地位、经营的独立性,淡化省联社在人事、财务、业务等方面的行政管理职能,突出专业化服务功能。

2021年7月27日,银保监会召开全系统2021年年中工作座谈会指出,要坚定不移推动金融供给侧结构性改革,围绕建立现代企业制度,"一省一策"探索农信社改革模式,提高省级管理机构的履职能力和水平。

2022年2月,中共中央 国务院发布《关于做好2022年全面推进乡村振兴重点工作的意见》,即2022年中央一号文件,要求加快农村信用社改革,完善省(自治区)农村信用社联合社治理机制,稳妥化解风险。

2022年3月30日,中国人民银行印发《关于做好2022年金融支持全面推进乡村振兴重点工作的意见》,提出"各省、自治区农村信用社联合社要明确职能定位,落实"淡出行政管理"的要求,因地制宜做优做强行业服务功能。"

(四)省联社改革实践

实践中,省联社改革模式主要有四种:联合银行、金融服务公司、金融持股公司、统一法人。当前省联社改革仍在进行当中,除了宁夏、陕西、广东、浙江、湖北以及直辖市外,其他地区改革方案仍在探索中。

1.宁夏黄河农商银行"金融持股公司"模式

作为"第一个吃螃蟹的人",早在2008年12月,作为经国务院同意、银保监会确定的全国首家省级联社改革试点单位,黄河农商银行是在原宁夏回族自治区农村信用社联合社和银川市联社合并的基础上新设成立的股份制商业银行,形成了省级联社自上而下持股县级联社的改制模式,黄河农商银行成为全国首家由省级农村信用社联合社整体改制而成的银行。

改制后,黄河农村商业银行建立了"股东大会、董事会、监事会和经营层"独立架构的"三会一层"法人治理结构,落实了"决策层、执行层、监督层"相互制衡的管理模式。通过建章立制,进一步厘清各机构股东大会、董(理)事会、监事会、经营层职责,规范决策、经营、监督行为,形成董(理)事会主抓战略方向和决策、监事会有效发挥监督作用、经营层专注执行落实的治理机制。黄河农商银行先后向区内19家县市联社(农商行)投资入股,平均持股27.7%,成为各县市联社(农商行)的第一大股东。以投资人身份参与对投资机构的管理,实现了对全区农信机构的联营持股。同时，按照《公司法》的规定派出管理人员担任19家县市联社（农商行）的董（理）事，参与管理，在股东会上行使所持股份的表决权，享受股东的利益，承担股东的义务，由此形成了金融持股的"宁夏模式"。

改制之后的黄河农商银行，在党的领导、资本管理、行业管理等方面都进行了深层次变革：在党的领导方面，黄河农商银行党委对县市机构的党组织和主要负责人实行垂直领导、统一管理；在资本管理方面，黄河农商银行先后向辖区19家县市机构投资入股，以资本为纽带，选派管理人员担任县市机构董（理）事，传导审慎稳健经营理念，履行股东权利和义务；在行业管理方面，黄河农商银行承继原区联社管理、指导、服务、协调的部分职能，为县市联社（农商行）提供人员培训、科技服务、产品支持、资金调剂等，县市联社（农商行）按照市场化原则自主经营、自负盈亏、自我约束、自担风险。

目前，黄河农村商业银行股本总额16亿股，其中，法人股占比71.01%；自然人股占比28.99%。按出资性质划分，国有股份占比28.26%，民营股份占比42.75%；自然人股份占比28.99%。黄河农商银行系统现有法人机构20家，员工近6000人，营业网点385个，其中乡镇网点207个，在全区2240个行政村设立便民金融服务点2317个，全面消除村级金融服务空白点，是全区营业网点最多、分布最广、支农力度最大的地方金融机构。近年来，黄河农商银行系统按照自治区各项决策部署，立足地方、审慎经营，以遍布城乡的辐射网点、先进快速的网络系统和不断创新的服务意识，扎根"三农"，聚焦小微，服务县域，创新金融产品、提升服务水平，先后推出了黄河e贷、兴农e贷、黄河富农卡等信贷业务产品及网上银行、手机银行等电子银行产品，满足了不同层次客户的需求，使广大客户享受到了更加便捷、高效的金融服务。

2.陕西秦农银行"银行控股集团"模式

陕西秦农农村商业银行股份有限公司（以下简称"秦农银行"）成立于2015年5月28日，是经中国银保监会批准，在原西安市碑林区、新城区、莲湖区、雁塔区、未央区、灞桥区六家城区农村信用合作联社合并重组基础上，以新设合并方式，通过增资扩股、优化股权组建起的股份制农村商业银行。

秦农银行作为陕西省农信社的资源整合平台，以资本为纽带，按母子行制参股控股各县级农合机构，打造银行控股集团，实现对全省农合机构的现代化改造，开创农村金融改革的"秦农模式"，其目标是以秦农银行为核心，实现陕西省农信社的集团化、现代化、品牌化发展。

自成立以来，秦农银行一直在探索与尝试中发展。2017年，秦农银行控股户县、周至、蓝田三家农商银行；2018年，吸收合并阎良区、临潼区、高陵区三家区联社。2022年2月，秦农银行吸收合并鄠邑农商银行（原户县农商银行）和西安市长安区农村信用合作联社。

《陕西省"十四五"金融业高质量发展规划》指出："支持秦农银行争取在全省布局，加快筹备上市，走特色化发展道路，打造全国一流农商行。""积极争取国家批准我省深化农村信用社改革试点，保持农村信用社农村金融主力军地位不动摇，保持县域法人地位总体稳定，支持有条件、有意愿的市（区）通过城区农商行、农信社合并等方式组建市级农商行。"

《规划》点名支持秦农银行加快筹备上市，打造全国一流农商行，其背后也意味着秦农银行的实力不容小觑。但"秦农模式"的可复制性在业内还有争议，它是否会成为未来农信社改革的重要路径之一，目前还难有定论。

秦农银行官网显示，自成立以来，该行积极探索契合农商银行发展规律的现代商业银行发展路径，先后并购重组西安市各区县农村信用合作联社，牵头成立丝绸之路农商银行发展联盟，资产规模、各项存款、各项贷款均较成立初期增长3倍多。截至2022年3月末，该行注册资本88.26亿元，居全国农商银行第七位、西北地区法人银行第二位，资产总额达3570亿元，451个营业网点遍布西安城乡，全资控股两家县级农商银行。

3.广东构建"N个一部分"适度竞争模式

在推进省联社改革中，广东省人民政府于2021年8月5日发布的《广东省金融改革发展"十四五"规划》提出，"在全面完成农信社改制组建农商行的基础上，进一步深化体制机制改革，完善法人治理结构，支持符合条件的农商行扩大经营自主权"。表明广东省政府采取的是构建"N个一部分"适度竞争格局，即多家脱离省联社系统的头部农商行分别管理一部分、省联社继续管理一部分的多银行集团并存局面。2022年2月，东莞农商银行和广东普宁农商银行的管理权，从广东省农村信用社联合社整体移交至东莞市政府，并由东莞市政府委托该行协助管理普宁农商银行。此前，珠海农商银行于2021年底与省联社"脱钩"，转由珠海市政府直接管理。此轮广东农信改革后，将有多家头部农商行以及被其参股控股的小型农商行陆续脱离省联社管理。

广东省选择这一改革模式，基于省内农合机构发展不平衡、经营参差不齐的实际，此轮改革先将农合机构划分梯度，再按照"以强带弱、中间抱团"原则构建农商行集团，集团内部以股权为纽带，由母行向子行"注资、注制、注智"，进而形成深圳、广州、珠海、东莞、顺德、南海、汕头等多个银行集团并存且适度竞争的市场格局。

这一改革模式有利的方面是，金融风险得以快速化解，地方政府支持农商行的力度更大，决策链条更短，管理也更接地气；难点在于如何落实地方政府属地金融风险处置责任，一旦被参股控股的农商行出现风险，其风险"兜底方"可能难以界定。

4.浙江农商联合银行"联合银行"模式

2022年4月18日挂牌成立的浙江农商联合银行，在浙江省农村信用社联合社基础上组建，由浙江省内全部法人农信机构（以下简称成员行）入股组成，注册资本50.25亿元，是具有独立企业法人资格的地方性银行业金融机构，是成员行的行业管理银行和联合服务银行。

强化服务功能、增强服务能力是本次浙江农信改革发展的重点，也是浙江农商联合银行实现赋能改革的关键。一方面，按照市场化、专业化原则，在承接省农信联社原有业务范围的基础上，争取理财子公司等业务资质牌照，在产品创新、资金融通调剂和流动性管理、营运支持、教育培训等方面为行社提供更加强大的服务支撑；另一方面，基于近年来金融科技发展优势，构建更加市场化的科技体系，增加自有科技人员数量和比重，特别是设立金融科技子公司，在满足自身发展需求的基础上，逐步向外系统和同业金融机构输出技术服务。

虽然"联合银行"模式一直饱受"改革不彻底"的质疑，但也有观点认为，浙江农信选择"联合银行"模式，是紧密结合省情和本省农信系统发展实际，作出的理性选择。因为"联合银行"模式有效规避了资本强势和逐利的属性对农信社发展产生的不利影响，对于实现党的领导和法人治理相统一、坚守支农支小战略定位、保持县域法人地位稳定、传承发扬农信文化、保持具有农信文化基因干部队伍稳定等关键问题，有着不可替代的独特优势。市场化并不能解决所有问题，"把方向、管风险"始终是改革的重中之重，农信社改革仍然要考虑到国家的治理体系和"什么是农信社的根脉"。农信社的很多问题并不是资本"一控了之"就能解决的。

5.湖北宏泰集团"金控集团"模式

2022年4月25日,湖北宏泰集团有限公司发布重大资产重组公告称,根据湖北省委、省政府相关工作部署,集团进行重大战略性资产重组,以进一步推动金融资源聚集。其中,湖北省农村信用社联合整体划入,由宏泰集团实际管理省农信联社。

宏泰集团于2022年1月揭牌组建,是湖北省国企改革中第二批成立的省属国有企业,是湖北省属唯一金融服务类企业。根据省委省政府关于新一轮国资国企改革部署,集团围绕服务实体经济、防控金融风险、深化金融改革三大任务,聚焦综合金融服务、要素市场建设、政策金融保障、资本市场运作四大主责主业,以金融投资为主,打造主业突出、效益显著、风控严密、协同联动、全国一流的金融投资集团。

宏泰集团是湖北省政府通过该省财政厅旗下的金控公司注资,由原湖北省宏泰国有资本投资运营集团、光谷联合产权交易所、湖北省融资再担保集团、湖北省农业信贷融资担保公司、中国碳排放权注册登记结算公司等多家金融类、要素类企业以及相关企业股权整合组建。现注册资本80亿元,资产总额804亿元,旗下共有15家二级公司、1家上市公司。

宏泰集团目前控股股东及实际控制人已由湖北省国资委变更为省财政厅,宏泰集团代表省财政厅向湖北省联社注资并实际管理省联社,省联社改制的银行再向基层行社注资。这是落实中央要求的体现。早在2018年6月,《中共中央 国务院关于完善国有金融资本管理的指导意见》(中发〔2018〕25号)就要求,履行出资人职责的各级财政部门对相关金融机构,依法依规享有参与重大决策、选择管理者、享有收益等出资人权利;负责组织实施基础管理、经营预算、绩效考核、负责人薪酬管理等工作。

湖北省联社改革为银行控股公司模式,划归湖北省财政厅旗下的省级金控集团实际管理,有利于下一步推进省联社改革。宏泰集团除了要有效整合省级金融资源外,还将承担起推进省农信联社向农商银行改革、推动湖北银行尽快实现上市、战略增资成为长江财险第一大股东、打造全国碳金融中心等事关全省金融行业高质量的重大专项任务。

(五)省联社改革模式比较

省联社改革模式包括:统一法人模式、金融控股公司模式、金融服务公司模式、联合银行模式和省联社改革模式。

1. 统一法人模式

从股权关系来看,统一法人模式属于自上而下的模式,通过向社会募集资本,将全省农信机构合并为统一法人,组建省级农村商业银行,原基层农信机构作为该农商行的分支机构。这一模式能够理顺农信机构与省联社之间"自下而上组建、自上而下管理"的矛盾,有助于实现资源的集中配置,实现规模经济,提高整体农信体系的经营效率。但是,这一模式与当前中央提出的"保持农信机构的县域法人地位和数量总体稳定"的目标相冲突,且在统一法人的过程中,需要省联社收购足够多的股份,一方面需要庞大的资金,另一方面还需要平衡各方利益,操作起来相对困难。从现实情况来看,目前采取统一法人模式的省联社普遍是层级高、区域小、经济强的直辖市,如北京、上海、重庆、天津等,并且这些地区在改革之初就是采取的这一模式,因此统一法人模式对于已经采取"省联社－县级联社"这种二级法人结构的地区可行性不高。

2. 金融控股公司模式

从股权关系来看,金融控股公司模式也属于自上而下的模式,通过向社会募集资本,组建以国有资本为主、集体及民营资本为补充的省一级控股集团,进而向下参股农商行,通过股权的形式将辖内农信社联结起来,实现协同效应和规模效应,在增强农商行资本实力的同时,充分发挥国有资本对农商行服务"三农"的战略引领作用。具体来看,金控公司模式具有以下几方面优势:

首先,可以通过股权投资的纽带理顺省联社与基层农信社的上下级管理关系,有助于完善农信系统内部的法人治理。其次,该模式能够保证农信系统的两级法人结构不变,有利于稳定农信机构的县域法人地位。再次,该模式在理顺产权关系后,能够更好地发挥基层农信机构的服务"三农"职能。当前国家对于农信机构的市场定位是,坚持服务县域经济和支农支小,具有一定的政策性属性。而农信社改制为农商行后,作为商业化的金融机构,其发展应当首先从股东利益出发,兼顾社会利益,而不是以社会利益为主,因此普遍寻求做大规模,容易偏离"支农支小"的目标。在金融控股公司模式下,省联社作为基层农信机构的大股东，可以通过派出理事或董事参与经营决策，而非通过行政管理手段约束农信机构的行为，更好地实现服务"三农"的目标。最后，这个改革过程能和农信机构的资本补充有机结合。通过省联社自上而下对基层行社入股，既可以缓解农信机构资本补充的难题，也可以借机对部分高风险行社进行重组，对存量风险进行有效的化解和处置。当然，金融控股公司模式需要对应的资本金来源，需要在相应的改革方案中，进行全面的考虑和专门的安排。

3.金融服务公司模式

从股权关系来看，金融服务公司模式仍然保持了原有的自下而上参股的方式。这种模式符合国家提出的淡化省联社在人事、财务、业务等方面的行政管理职能，突出其专业化服务功能。但是，若将省联社改革为金融服务公司，就意味着省政府放弃对于省内基层农信机构的行政控制，因此省政府的改革动力较小。

4.联合银行模式

从股权关系来看，联合银行模式是一种自下而上参股的模式，通过辖内基层农信机构共同出资组建以股权为基础的、具备完善法人治理结构的兼顾经营、管理、服务职能的省级股份合作银行，这种模式改革成本较低。

联合银行模式与现有模式相比主要有以下不同：首先，改制为联合银行后，省联社由"合作金融机构"转变为商业性金融机构，组建"三会一层"的架构，内部治理能力有所提升，"官办"色彩弱化。此外，改制后的联合银行具有金融牌照，可以和基层农信机构一样，经营存贷款业务，也可通过转贷等方式支持基层农信机构的发展。但是，联合银行模式本质上仍是一种发展合作金融的逻辑，通过自下而上的方式，组建更高一级的金融机构，而合作金融发展的前提是通过"人合"带动"资合"，对于农信系统来说，基层农信机构必须具备相互合作的意愿且彼此达成共识，进而共同出资组建联合银行。但现实情况是，基层农信机构作为商业化的独立法人，普遍追求自身利益最大化，且省内各基层农信机构发展水平不一，相互间的利益难以平衡，因此实现"人合"相对困难。如果不以"人合"为前提组建成立联合银行，其由谁领导、由谁管理依然存在争议，若按照公司法人治理模式，谁出资额高、持股比例大就该由谁管理，而发展较好的农信机构无疑具有更强的资金实力，这时又会出现新的问题，即那些自身实力较弱的基层农信机构是否愿意接受自身实力强的农信机构的管理。倘若管理者由政府指派，则又回到现有模式，省联社与基层农信机构的关系基本未变，仍然存在权责关系模糊、失配等问题。

5.省联社改革模式比较

通过对不同的省联社改革模式进行分析,可将其按照股权关系划分为"自上而下"和"自下而上"两种方式。其中,统一法人模式和金融控股公司模式均属于"自上而下"的改革方式,但金融控股公司模式相对来说对现有农信体系的改革冲击较小,依然保持农信系统"省联社—县联社"的二级法人结构不变,符合国家的保持农信机构的县域法人地位和数量总体稳定的大目标;金融服务公司模式与联合银行模式均属于"自下而上"的改革方式,但联合银行模式对于现有省政府的权力约束较小,各省政府改革的动力相对较强。因此,金融控股公司模式和联合银行模式分别是"自上而下"和"自下而上"两种模式中改革困难和阻碍相对较小的模式,自然也成为当前讨论较多的两种改革路径。但从理顺省联社和农信机构产权关系及管理体制的改革目标来看,对于有条件的省区,金融控股公司模式可能是相对较优的改革路径。

各省经济社会发展水平不一、农信体系的发展也存在较大差异,未来对于省联社的改革,还需各省根据实际情况,因地制宜地选定省联社的具体改革路径,国家和监管部门切勿对省联社的改革施行"一刀切"政策。但是,无论采取何种路径,省联社改革都要保持与农信机构的改革方向相一致,即坚持市场化、法制化、企业化的改革方向,坚持农信机构服务"三农"、保证可持续发展的县域法人地位稳定这一原则,同时要加大金融科技方面的投入和能力建设,全面提升农信机构的金融科技应用水平和竞争能力,实现数字经济大潮下农信机构健康、高效、可持续发展。

四、农村信用社发展对策

鉴于农信社改革后依然存在不足,应进一步深化农信社改革,厘清产权关系,理顺公司治理体系;建立市场化机制,充分发挥省联社服务和统筹职能,强化农信社独立法人地位,更好地服务乡村振兴战略;通过加强金融科技建设解决支农与发展目标矛盾和外部竞争带来的挑战。

(一)县级联社发展对策

1.明确产权,规范治理

自 2011 年以来,银监会明确提出达到条件的农村信用社改组为商业银行。改组后的农信社产权将逐步理顺,并起到示范效应。这种改组实质上是引入新的产权主体替代原有的所有者虚置,将产权量化到具体的自然人和法人。股份制产权制度具有更大的优势和现实性,在制度安排上,合作制向股份制转化,符合现代商业金融的发展路径。因此,有必要规范法人治理,鼓励职工共同参股,形成机构内部的风险共担机制,防范个别人利用职权谋取私利;同时接受社会监督,定期向社会公布经过中介机构审计确认的经营状况,以及监管机构出具的监管意见。

省级联社可以控股股东或最大股东身份参股县级行社,对县级行社进行股份制改造,通过资本约束,可以不断完善县级行社的法人治理结构,使之逐渐成为市场经营主体。省级政府应放弃对农村信用社的行政控制,摒弃"政企合一"的弊端,有利于真正实现农村信用社独立自主、因地制宜持续健康稳定发展。

2.风险控制制度化

在改革过程中,应采取切实有效的措施,建立长效机制,防范和化解农信机构各类风险。一是落实省级政府属地风险处置责任,建立多级风险防控与处置机制,探索风险准备金制度;二是由省联社(农商联合银行)牵头,在全省建立风险互助和流动性互助机制,提升法人行社风险防控能力;三是实施全面风险管理,健全农信机构事前、事中、事后全流程风险管理机制,降低增量风险;四是拓宽不良资产处置渠道和方式,综合运用批量转让、证券化、债转股等手段消化存量不良。央行和监管部门应适当降低相应要求,支持农信机构通过发行永续债等多种资本工具补充资本,符合条件的农商行应优先支持上市;通过定向降准、再贷款、再贴现等措施,进一步加大对农信机构的精准支持,从根本上提升农信机构稳健发展能力。

为增强农商行规模效应和抗风险能力,对东北和中西部地区规模较小的农信社(农商行、农合行),应鼓励在市场化的基础上进行重组合并,适当组建市级农商行。近年来,四川、广东等省份在重组合并农信社方面进行了积极尝试,取得了较好效果,这与坚持县域法人地位的原则并不矛盾。

3.优化金融生态环境

为强化农村信用社信贷支农目标,建议做好优化金融生态环境,提高农业农民保险保障水平,完善农村征信建设。主要措施有:农村信用社服务主体是"三农",是经济发展薄弱领域,农业不发达,规模小,分散经营,受自然因素影响大;农民收入低,信用度不高,社会保障水平低,这是决定农村金融发展的主要外部环境因素。因此,通过提高财政补贴农业保险保障额度,提高农业机械化程度,建立支农贷款的风险体系,例如支农贷款风险保障基金、支农贷款保险等,构建支农贷款担保体系,例如农业贷款担保机制、农户贷款政府担保机制、农村信贷机构担保等,推进支农贷款贴息、免息政策、拓展联保贷款业务等,推进合作金融法规建设,适时出台《合作金融法》。提高农民社会保障水平,加快信用社建设,提高农民信用水平,使得农业抗风险能力增强,农民生活保障程度提高,优化农村金融生态环境,有效降低农村金融风险,农信社才可能做到支农与发展目标并行不悖。

4.以质量促效益应对市场竞争

面对农村金融市场资金供给主体逐渐增多,互联网金融不断蚕食,市场竞争日益激烈的态势,农信社面临技术创新,特别是移动互联、人工智能、区块链等新技术带来的金融新业态、新场景的挑战;面临金融机构、类金融机构多元化发展催生新的竞争主体的挑战;面临移动互联和大数据金融服务方式下国有银行、股份制银行及互联网公司对农村中小银行和传统优势市场(县域及农村、城镇社区)全方位的业务渗透等挑战。

农信社应该科学应变、主动求变,与时俱进,变挑战为机遇,持续加快经营模式转型、金融产品创新和金融科技赋能,发展思路由"规模效益型"向"质量效益型"转变。

经营模式转型上,由同质化向特色化转变,增强农信社的竞争力,走差异化竞争的特色之路,建立全方位对接客户的服务机制,打造具有特色的核心竞争力;盈利模式由单一化向多元化转变;产品创新上,着力推进负债类产品优化、强力推进信贷类产品创新;完善"对外简化、对内优化"的操作流程,全面提升农信社精细化管理水平,打造精细化管理的流程银行;对内形成机会均等、公平竞争的机制活力,对外形成信用为本、合作共赢的良好环境;科技赋能上,强化顶层设计,推进金融科技整体布局,充分利用现代科技成果,真正建立起以客户为中心的业务信息系统和以价值创造为中心的管理信息系统,加快朝着科技银行的功能转型;强化线上赋能,加快金融生态重塑,利用金融科技改善农信社金融服务(包括现金存取、支付结算、信贷、征信等服务),降低交易成本,提高风险识别能力;通过与互联网金融机构合作,拓展业务范围,开展农村理财、保险、证券、信托等方面的代理或自营业务,增加利润来源;可以通过互联网技术,加强内部管理,实现管理扁平化,减少管理层次,节省管理费用,提高管理效率;可能会同时实现盈利和支农的双重目标。

(二)省级联社发展对策

功能上,省联社要在信息化、智能化、平台化、生态化方面发挥重大作用,指导基层行社在科技、资源、市场等方面走"联合与合作"的道路,拥抱数字经济,走数字金融之路,这既符合监管要求,也是未来发展方向。

组织模式上,金融监管部门对省联社改革不搞"一刀切",要求省联社改革实事求是、因地制宜,根据各省经济发展情况、金融体系、资产质量、风险管控能力、地方政府意图等因素来决定选择哪一种改革方案。中国幅员辽阔,东部、中部、西部地域特色、经济发展水平各不相同,各地农信社的发展程度不等,省联社具体采取哪种模式,没有完美之选,只有适合的模式。

管理职能上,一些经济欠发达省份的农信社还是零散的,经营管理仍然落后,需要省联社对其经营进行指导和帮助。大型的农商行基本都出现在经济发达地区,对于地方大型农商行,随着资本扩张、跨省经营,省联社已经很难对其经营进行实质性的干预,未来省联社必然只能"重服务轻管理",其行政管理职能将逐渐淡化,进而转型成为类似于行业协会的机构,侧重服务功能。

综上所述,对于2003年的"花钱买机制"农信社改革,虽然取得了一些成就,但还存在着一些不足。全国农信社在两年多时间实现净资产总额、平均资本充足率、盈利总额三项指标全部由负转正,更出现了长达十余年的高速发展。但在体制机制、治理结构、管理模式、经营机制转换、资产质量和披露等方面,仍然存在较多问题,还需要继续深化改革。

第四部分　农村资金互助社发展研究报告

一、基层党组织推动村社农民资金互助合作社建设的路径分析

农民问题是"三农"问题的核心,在推动乡村振兴战略中,要充分发挥农民的主体作用,尊重农民意愿,调动农民积极性。农村基层党组织要把维护广大农民群众的根本利益作为农村一切工作的出发点和落脚点,处理好党和农民的关系。当前我国不少农村基层党组织和农民之间利益关系不紧密,不利于扎实推进乡村振兴战略。村社农民资金互助合作社不仅是农村基层党组织与农民之间建立紧密联系的有效抓手,也是壮大村社内部自身力量和提高农民生产积极性的重要力量。村社农民资金互助合作社通过利润分红、助力养老、村内吸储贷款、推动土地流转等制度安排可以加强农村基层党组织和农民群众之间的利益联结,使村集体经济收入和农民个人利益深度融合,实现农村农民共同富裕和村集体经济发展的协同推进。为更好地科学推进村社农民资金互助合作社发展,我们需要在对我国基层党组织推动村社农民资金互助合作社建设必要性梳理的基础上,分析目前基层党组织推动村社农民资金互助合作社建设中存在的问题,探寻基层党组织推动村社农民资金互助合作社建设的发展路径。

(一)我国基层党组织推动村社农民资金互助合作社建设必要性

基层党组织可以引领党员和新乡贤推动建设村社农民资金互助合作社,建立和农民群众之间的利益联结共同体,密切党群关系,推动乡村集体经济发展和乡村产业振兴,提升入社农民收入。目前,我国多个农村地区已经创新开启基层党组织引领村社农民资金互助合作社建设实践,其中河南、山东等地的党建引领村社农民资金互助合作社建设案例具有一定的典型性。例如,河南省信

阳市的郝堂村，在区街党组织领导下，村党组织在中国乡建院专业指导下，引领郝堂村的党员、新乡贤和老人于2009年筹集34万元创立了村社农民资金互助合作社——郝堂夕阳红养老资金互助合作社，密切了党群关系。郝堂村的村民可以以土地、房屋、林权证等抵押到合作社借款，修房子、开农家乐、办养猪场；村集体可以从村集体借款办村集体公司，盘活村庄土地和房屋等资源，增加村集体收入；可以为吸收老年人参与合作社管理，为入股老年人分红，增加了老年人的收入，提升了老年人的村庄价值。在郝堂村党组织引领创建的村社农民资金互助合作社推动下，郝堂村实现了大变样，400多名青壮年返乡发展，2009年小学在校生只有50多人，2013年超过200人。村庄由凋敝恢复活力……截至2019年底，全村292位老人全部入社，累计分红146万元，合作社积累105万元。

（二）基层党组织推动村社农民资金互助合作社建设中存在的问题

第一，内部管理机制不够规范，管理素养和能力存在不足。村党组织、村民委员会和村社金融组织常务理事会是三块牌子一套人马。面对乡村振兴、人居环境整治、民生建设等众多的行政任务和不断扩大的村社农民资金互助合作社资金规模与社员规模，基层党组织干部和村民委员会成员是否有足够的时间和精力参与资金合作社的运作将遇到挑战。加之村两委干部基本都没有受到过正规的金融教育，金融、法律等专业知识储备不足，其管理和运营村社农民资金互助合作社的素养能力存在不足，难以防控风险出现。村社农民资金互助合作社的创新能力和规模扩张将受到限制。

第二，资金来源渠道单一，可持续发展难度大。目前村社农民资金互助合作社的资金来源主要来自基层党委政府的财政支持、村民个人入股、村庄外部乡贤支持。从资金来源的途径分析，其一是基层党委政府财政拨款，但由于各农村地区经济发展水平不同，财政拨款也具有差异。且村社农民资金互助合作社的长期稳定发展，不能单纯依靠基层党委政府的财政支持。其二是存款，由于目前农村内置金融信用保障制度不健全，农民依然首选将存款放入银行，村社资金互助合作社吸纳农民存款难度大，引入存款有限。其三是村庄外部的社会组织及银行单位融资。内置金融缺少配套政策作为指导，村庄外部资金融入村社难度较大。加之社会组织受到服务周期和购买资金的限制，其在村社内开展的金融服务也较少，容易使村社农民资金互助合作社后期运营管理存在混乱。

第三，制度法规不健全，市场地位不明确，基层党组织难以推动合作社建设。目前，我国村社农民资金互助合作社建设还处于一种自发状态，准入标准和监督机制还未完善，相关法律法规还不健全，监管部门出于风险管控考虑不愿意给合作社颁发营业执照，导致村社农民资金互助合作社长期处于非法的市场地位，一旦出现问题，可能直接被清理整顿。甚至某些地方金融部门给村社农民资金互助合作社扣上"非法集资"的帽子，严重阻碍农村资源市场化、货币化改革，使村社农民资金互助合作社无法进行融资，基层党组织难以可持续推动村社农民资金互助合作社发展。

(三) 基层党组织推动村社农民资金互助合作社建设的发展路径

第一，加强基层党组织的推动。基层党组织要按照党中央关于解决"三农"问题，实现乡村振兴的相关要求，解放思想，加强宣传，积极有序推动，使村民群众真正认识到村社农民资金互助合作社建设的重大意义。基层党组织推动村社农民资金互助合作社建设不仅是农村经济建设问题，更是农村政治建设问题。一方面，基层党组织的推动，有利于与党委政府加强联系，加大政策扶持力度，提供财政支持。按照《农村资金互助社暂行管理规定》等法规要求，具有合法市场地位的村社农民资金互助合作社需要具备营业场地、办公设施、保障设施等，但这一系列的要求超出很多农村合作社的经济承受能力。需要党委政府和基层党组织的支持与推动。另一方面，村社农民资金互助合作社建设的根本目的是激活村庄内生动力，调动村民生产积极性，密切党群关系。基层党组织推动村社农民资金互助合作社建设有利于形成一个具体有力的抓手，提升组织治理能力，密切基层党组织和农民之间的利益联结，将农民利益与村庄集体利益深度结合。

第二，建立健全内部管理机制。村社农民资金互助合作社建设需要基层党组织的推动，但不是基层党组织包办。建设运营过程中要坚持农民主体原则，由村民自我管理、自我经营。尽量避免基层党组织核心领导和合作社主要管理层人员是同一班人，防止基层党组织利用行政便利干预村社农民资金互助合作社管理。农村基层党组织要优化行政功能，加强合作社内部功能性党组织建设，打破党员的行政职务隔阂，将有能力、有基础的党员干部专门引领服务村社金融组织的发展。让基层党组织从合作社烦琐的事务中解脱，专注于乡村振兴建设。合作社内部的功能性党组织通过利益联结、教育沟通等方式引导村民更好地经营管理，给村民更大的民主管理空间，以密切合作社内部的功能性党组织和入社村民之间、村基层党组织和农民之间的关系。

第三，健全法律法规，明确村社农民资金互助合作社合法市场地位。针对目前村社农民资金互助合作社合法市场地位不明确的现状，要建立健全相关法律法规。基层党组织要选择一批产业基础牢、经营效益好、信用记录优、辐射能力强的农村资金互助合作社，按照相关管理办法的要求进行改造，对合格者颁发合法营业执照，稳妥开展信用合作。

第四，推动农业保险与村社农民资金互助合作社相结合，增强合作社转移信贷风险能力。农业保险是促进村社农民资金互助合作社做大做强的重要保障内容。加快完善农业保险，有利于让农民吃下定心丸，实现农业金融的可持续发展。首先，要提高农业保险保障水平，积极推动村社农民资金互助合作社纳入保险范围，开展信贷保险险种试点，防范经营风险。其次，建立健全信贷风险防范转移机制，加强基层党组织对村社农民资金互助合作社的合理监管。面对农村"熟人"社会的特征，基层党组织要对入社成员和贷款人员的家庭背景、个人信用、偿还能力等安全信息进行审核，规避潜在风险。当村社农民资金互助合作社因自然灾害或经营不善遇到重大困难，引发社员大面积坏账时，要利用风险转移、风险分散手段降低风险危害。最后，村社农民资金互助合作社可以通过购买农业保险对入社村民进行生产保护，保障农户抵御自然灾害的能力，降低农户经济损失，加强村社农民资金互助合作社与农户的利益联结，形成经济利益共同体。

二、农村资金互助合作社典型案例分析

随着我国城镇化进程的不断加快和乡村振兴的不断深入,如何为广大农村地区提供合适的、优质的金融服务,以更好地促进"三农"发展,已经成为一个亟待解决的问题。众所周知,农村金融一直都是我国金融环节较为薄弱的地方,农村地区的农户们融资不仅难而且贵,农业发展没有充足的资金支持,农村地区的经济很难跟得上城市的步伐。尽管近年来国家积极发展农村普惠金融,鼓励支持商业银行金融机构纷纷开拓农村市场,但银行逐利本质导致这些商业性金融机构没有足够的动力去开拓农村业务,也缺乏适应地方特色的手段,尚不能从根本上解决农村金融产品供给不足的现状。农村资金互助合作社是一种农民自下而上、自发倡导并得到官方认可的"非正规金融机构",不仅能够完全适应复杂多变的农村市场,而且能够有效地解决农村贷款的独特需求。在安徽黄山,依托安徽省供销社三大综合改革试点之一的黄山供销农副产品合作社,覆盖7个乡镇服务室、14个资金互助网点,共有8.2万名社员,其中70%以上都是农民户口。资金互助累计筹资金额12.4亿元,累计投放资金约11.9亿元,累计资金投放率达90%以上。户均借款29万元,扶持了近3000个农业项目,形成了资金互助合作组织中独具特色的"黄山模式"。

(一)黄山市供销农副产品合作社运行机制分析

1."黄山模式"的产生背景

在深化金融体制改革的前提下,为了进一步促进农村金融市场的规范化和制度化,2015年3月,国家出台《关于深化供销社综合改革的决定》,该决定以正式规章制度的形式对供销合作社进行资金互助等金融服务的方式、方法做出了明文规定。而近年来随着乡村振兴战略的大力实施,农村金融助力乡村振兴也在国家层面上再次被提了出来,国务院在2018年颁发的《乡村振兴战略规划2018—2022》就直接提出"指引农村合作金融稳定有序发展"。

2014年底,在黄山市供销社的主办下,成立了由社有企业控股的黄山市供销农副产品投资发展有限公司,并于2015年初在全市各区县设立的供销农副产品专业合作社基础上,通过进一步整合资源、优化配置,依据农业发展水平和

农村金融市场的发展状况,黄山市供销社因地制宜设置了以"黄山模式"为特征的黄山市供销农副产品专业合作社联合社。

2."黄山模式"的主要特色

(1)创新股权投资模式。资金互助社的股权如果过于分散,则不利于对合作社进行有效的经营管理,而股权过于集中,则也可能滋生腐败贪污,如果监管不慎,更可能产生"非法集资"的乱象。基于此,黄山市供销社综合借鉴商业金融机构和现代公司治理结构,创造性地采取"两级控股,双向参股"的股权结构模式。即黄山市供销农副产品投资发展有限公司61%的股权由省、市供销社社属企业持有,进而黄山市供销农副产品投资发展有限公司以自有资金出资控股市供销社下属的区县供销社51%的股份,同时区县供销社理事长又以参股黄山市供销农副产品投资发展有限公司的形式,实现"你中有我,我中有你"的两级控股,双向参股。既保证了供销社的主体地位,也实现了参股方的利润共享;不仅能够促进资金互助的管理运营,而且能够提高内部监督水平,降低资金互助风险(如图4-1所示)。

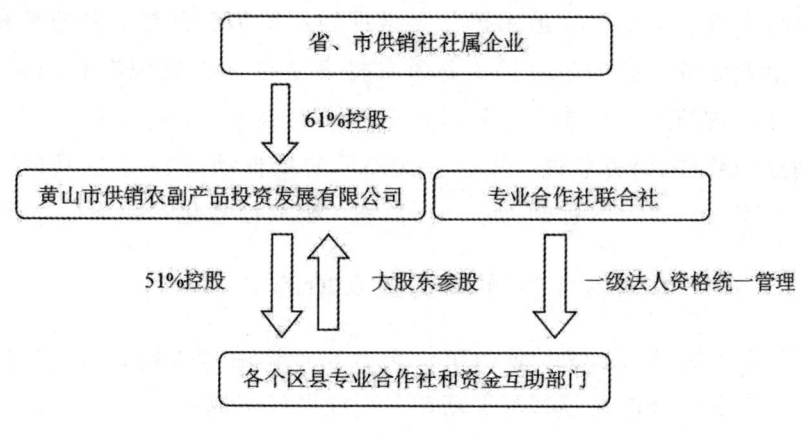

图4-1 "两级控股、双向参股"

(2)实行"五统一"管理。黄山市供销农副产品专业合作社联合社严格按照"统一品牌、统一平台、统一风控、统一管理、统一制度"的"五统一"制度,在各个区县的供销分社要实行统一的"黄供信合"品牌,在统一的黄山供销农副产品专业合作社联合社平台上开展业务,同时对资金的风险防控实行统一的风控制度,各分社要由市供销农副产品专业合作社联合社实行统一管理,并执行统一的管理制度。

（3）建立制度化、数字化风控体系。2016年4月13日，黄山市金融办、黄山市农委、黄山市工商局、黄山市供销社联合出台《黄山市供销农副产品专业合作社资金互助业务监督暂行办法》（黄金融办〔2016〕17号），该办法明确了风险防范处置的第一责任人和监管主体，制定了监管制度和监管内容，落实了相关部门的管理责任。同时，坚持"小额分散"的借款原则，从计提一般准备金和专项准备金等方面建立了风险防控的数字化体系。

（4）开发系列为农服务产品。黄山市供销农副产品专业合作社结合当地特色产业推出了"茶农借""林农借""农易借"等十多项为农服务产品。与此同时，结合黄山市的实际情况，采取农产品抵押、鲜活水产品仓储抵押、粮食仓单质押、茶票质押等灵活的组合抵（质）押担保方式为涉农企业融资难等问题提供解决方式。黄山供销社切实地为农服务赢得了广大涉农企业及农户的普遍赞誉，也更加助力了现代农业的发展。

（5）不断深化农村信用供销体系改革。2018年供销社在黄山市休宁县选择两个试点村摸索解决农村社员无担保无抵押物不能借款问题，目的是真正打通阻碍农村金融服务发展的最后关卡，为农村发展探索出更为有利的发展环境。从而建立起农村信用供销体系，做到真正的为农服务。同时，供销社不断升级资金互助业务软件、财务软件，并对借款社员的抵押动产、7个区县网点的运营等情况进行实时监控，不断提高办公信息化，服务信息化和业务信息化水平。

（二）黄山市供销合作社开展资金互助的成效

资金互助业务开展以来，黄山市供销合作社影响力不断扩大，公信力也在逐步提升，为农村合作金融谱写了新篇章，取得如下成效：

一是"黄供信合"的品牌价值不断增强。通过四年来的实践摸索，社员对"黄供信合"的品牌价值形成高度认同，以及农民信任度高的优势。社员缴存互助金到资金互助社相对安全，收益和其他金融组织相比也较高。同时，"黄供信合"还引起省内外专家的重视，每年接待大批专家学者和学生的专题调研，"黄供信合"的品牌开始走出黄山。

二是实现了稳中向好的目标。黄山市供销合作社开展资金互助运营以来，不仅建立了严监管、多层次的风险防控体系，并且开始健康稳定地推进资金互助工作的开展。2018年以来，黄山市供销社开始放慢发展速度，稳中求进，追求高质量发展。为了防范风险对各个网点实行一票否决制度，即不良借款率超过1%的网点不能参加公司的绩效考核，评奖评优资格全部取消。这种做法使得黄山市供销社抵抗市场风险的能力进一步提升。

三是扶持了一批重点特色产业。首先是助力重点产业乡村旅游业的发展。旅游经济一直是黄山的特色经济，通过依托自然山水、厚重的人文气息等乡村旅游的自身优势，黄山市供销社给予一定的资金支持，着力发展乡村旅游业。助力支柱产业茶产业，开发"茶农借"借款产品，解决茶农卖茶打白条问题。"茶农借"是供销社为了满足社员快捷、便利的融资要求，在分析借款社员的经营状况、偿还能力及信用记录良好后，依据社员提供的供销社认可的茶产业收购凭证抵押而发放的借款。其次是助力特色产业"黄山两条鱼"。由于银行贷款时间较长可能会耽误养殖计划，不少养殖户选择到互助社贷款。同时，互助社在对农户的养殖情况进行了解后会为其量身定做一些贷款方案。黄山市供销合作社创新抵押担保方式，解决了很多银行贷不了款的问题，助推公司的产业化发展。目前，供销社牵头成立了黄山泉水鱼产业开发有限公司，注册了"新安泉水鱼"商标，收购农民养殖的泉水鱼对外出售。泉水鱼和臭鳜鱼形成了品牌效应，省委省政府主要领导先后莅临黄山实地调研，人民日报也对此进行了报道，并将其作为产业精准扶贫的典型。最后是助力种植产业种粮大户。国家鼓励农业经营规模化，但不少农民缺乏技术和资金。供销社每年给予粮食种植大户技术和资金扶持，积极培育新型农业经营主体和服务主体。并和粮食种植大户实行统一生产资料供应、统一回购销售，帮助扶持粮食种植大户解决生产销售等各个环节的难题，努力扩大服务范围。

（三）农民资金互助组织发展面临的现实困境

目前我国的农民资金互助组织发展还不是太完善，存在的问题较多，结合我们对黄山市供销农副产品合作社的考察，总结出比较典型的问题，主要有以下几个方面：

1.缺乏完善的法律体系。到目前为止，我国还未出台有关农民资金互助组织专门法律。已经出台的《合作金融法》并未对农民资金互助社予以明确规定。农民资金互助组织想要获得发展，高效完备的法规体系是不可或缺的，同时这也是作为合作金融事业参与主体明确其职责的重要支撑。如果没有明确的法律条文，可能导致参与主体缺乏相互约束。

2.管理人员及社员的整体素质相对较低，限制了合作社的进一步发展。在对黄山市供销农副产品合作社的调研过程中发现，大多数互助社的管理者、社员及职员的金融知识都较为匮乏，也未树立先进的风险防范意识。调研发现，合作社资金互助业务的不良借款大部分是由社员低下的信用意识导致的。

3.缺乏完善的风险防控机制，风险预防能力较弱。尽管黄山市资金互助部的风险防控体系相对健全，但大多数分社在落实公益金和风险准备金政策方面，更多依靠其经验来做出决策，并没有制定严格详细的执行标准。若合作社每1万元借款中，有30元的保险金提取额度，该资金仅用于对不可抗力所造成的意外事故损失的补偿，而除不可抗力之外的风险则不包含在内，合作社在内部保险金的提取上的做法是否合乎法规还需进一步考究。尚未建立完善的风险防控机制，合作社对风险的抵御能力还有待增强。

(四)完善农村资金互助发展的举措

1.积极完善有关法律法规，优化完善合作社运营制度环境。积极制定《农村资金互助管理办法实施细则》等法规，不断提高农村资金互助组织的规范水平，严格落实监管主体和责任，并对地方政府所肩负的新型农村合作金融监管职责予以明确。完善相应的监督管理措施，并制定专门的监管制度，强化监督作用。

2.强化管理人员培训，提升组织管理水平。对于资金互助组织而言，不仅要求合作社管理者积极学习金融管理专业知识和技巧，而且还要加强管理人员的诚信教育。此外，还需加大对群众金融知识的宣传力度，增强他们的风险意识和信用意识，也让社员树立自己是资金互助社民主管理主体的意识。考虑到农村资金互助组织人才缺乏，一方面，可与大学生村官队伍建设相融合，发挥大学生村官的引导作用；另一方面，建立城乡人才良性互动机制，以调动城市人才反哺农村，从而给农村资金互助组织的发展提供强大的人才支撑。

3.构建完善的风险管理机制，强化对风险的预防能力。首先是从顶层设计上持续采用"两级控股，双向参股"的股权结构，实现经营管理和与资金互助组织之间的相互制衡，降低管理风险。其次是强调合作社的两个统一，即统一资金归集、统一管理运营和风险把控，在此基础上出台相应的监管制度，明确相应监管、运营责任主体,统一决策运营降低市场风险。再次是实行多重担保降低信用风险。建议黄山供销社对社员入社门槛要求持续提高,同时要求无重大不良信用记录、产业基础、还款能力、本地户口等,且贷款资金严格用于农业领域。抵押品可以选择实物也可以选择股权质押方式。同时强调建立贷后管理制度。供销社实行多重担保模式关键在于除信用担保外仍有其他性质的担保。最后是实行风险防控数字化,严守指标底线。

(五)启示

农村资金互助组织属于农村合作金融的一部分,它的存在能够弥补农村金融服务上的空白,使农村经营体制和经济体制发生革命性的变化,有利于构建一个功能全面的农村金融机构体系。因此要加强规范和引导农村资金互助组织的发展,为乡村振兴战略提供一个强有力的金融支撑。目前,绝大多数的资金互助组织都属于内生性,即在专业合作社内部开展资金互助,这种模式抗风险能力较强,也符合欧美国家合作社发展路径。但由于监管以及风险防御不到位发生问题的也很多。"黄山模式"自运营以来,所取得的成效显著,逐年增加的社员数量和互助金,促进农民增产增收,以及在内部资金互助信用风险控制和运营管理方面无疑做出了很好的示范,具有一定的推广价值,具体表现在以下方面。

一是股权结构模式的推广。该股权结构通过设立股权中间公司,由股权中间公司对合作社实施实际控制权,也就是占合作社50%以上的股份。再确立管理主体,管理主体对股权公司实施控制。通过股权中间公司对资金互助组织的决策产生重大影响,最后资金互助组织与股权中间公司相互持股,帮助管理主体实现经营管理和与资金互助组织之间的相互制衡,降低管理风险。

二是统一管理模式的推广。首先需确定资金互助组织在当地有统一的管理主体,并根据管理主体确定外部监管主体。管理主体的选择要依据规模的大小,组织性质是否合适,群众基础是否良好以及农业产业链是否完善来选择。加之政府应尽可能联合当地管辖范围内的所有资金互助合作社,以实现资金的统一归集、运营和管理风险的统一把控,并在此基础上出台相对应的监管制度,明确其责任主体,统一决策和运营管理来抵御市场风险。

三是风险防控模式的推广。该风控模式的成功在于严格地选择风控数字指标,指标的选取可根据资金互助社的规模、成立时长、社员的数量来判断。另外，风控指标的选择要有专门的风险管理人员来把控，因此需要聘请具有金融和会计从业经验的人员来进行计算，并且要及时地学习其他优秀的资金互助社管理的经验，借鉴优秀模式下的风险控制指标的选取，严格地将风险控制在指标范围之内。

第五部分 其他类型合作经济组织发展研究报告

自有人类社会以来,在处理人与人之间的关系上,便有冲突、对抗、竞争与合作等不同的行为方式,反映了人的不同动机,本质上是反映了不同的哲学思想。合作是处理人与人之间关系的一种行为方式。现代西方合作运动及相应产生与发展的合作社组织形式与制度安排则始于19世纪初期,此后存在与发展到今天,成为世界上许多国家经济体制中的一种有机组成部分,并以其特有的治理架构和制度安排为人们所知晓。

在中国,合作社作为一种重要的组织形式和经济发展形态,在加快推进农业现代化,繁荣城乡经济,统筹城乡发展,增加就业和收入等方面发挥着不可替代的重要作用。本部分将介绍具有一定的治理架构和制度安排的其他类型合作经济组织。

一、农村合作医疗

(一)我国农村合作医疗的发展

合作医疗是由我国农民自己创造的互助共济的医疗保障制度,在保障农民获得基本卫生服务、缓解农民因病致贫和因病返贫方面发挥了重要的作用。它为世界各国,特别是发展中国家所普遍存在的问题提供了一个范本,不仅在国内受到农民群众的欢迎,而且在国际上也受到好评。世界银行和世界卫生组织把我国农村的合作医疗称为"发展中国家解决卫生经费的唯一典范"。

合作医疗在将近50年的发展历程中,先后经历了20世纪40年代的萌芽阶段、50年代的初创阶段、60—70年代的发展与鼎盛阶段、80年代的解体阶段和90年代以来的恢复和发展阶段。面对传统合作医疗中遇到的问题,卫生部组织专家与地方卫生机构进行了一系列的专题研究,1994年,全国27个省14个县(市)开展"中国农村合作医疗制度改革"试点及跟踪研究工作,为建立新型农村合作医疗打下了坚实的政策基础。2002年10月,中国明确提出各级政府要积极引导农民建立以大病统筹为主的新型农村合作医疗制度。2009年,中国做出深化医药卫生体制改革的重要战略部署,确立新农合作为农村基本医疗保障制度的地位,农村合作医疗参合率明显提升(见图5-1)。

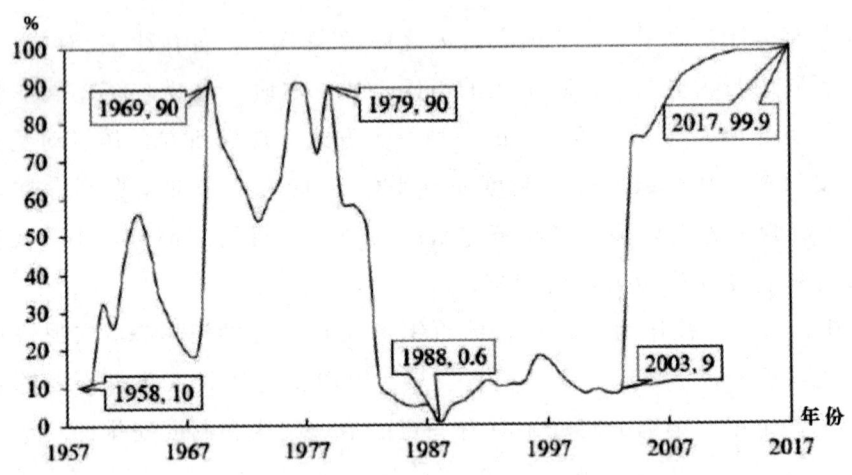

图5-1 新中国成立以来我国各阶段农村合作医疗参合率

(资料来源:尚虎平、黄六招,中国农村经济,2020年第7期)

(二)新型农村合作医疗保险制度

新型农村合作医疗保险制度,简称新农合,是由政府组织、引导、支持,农民自愿参加,个人、集体和政府多方筹资,以大病统筹为主的农民医疗互助共济制度。其资金来源主要以政府投入为主,农民再出剩余部分。具体的筹资比例为:中央财政和地方财政各占三分之一,农民个人缴纳三分之一,乡村集体经济组织有条件的也要给予资金支持。

2016年1月3日,国务院印发《关于整合城乡居民基本医疗保险制度的意见》(以下简称《意见》),整合城镇居民基本医疗保险(以下简称城镇居民医保)和新型农村合作医疗(以下简称新农合)两项制度,建立统一的城乡居民基本医疗保险(以下简称城乡居民医保)制度,该制度的建立是推进医药卫生体制改革、实现城乡居民公平享有基本医疗保险权益、促进社会公平正义、增进人民福祉的重大举措,对促进城乡经济社会协调发展、全面建成小康社会具有重要意义。《意见》就整合城乡居民医保制度政策提出了"六统一"要求:统一覆盖范围,统一筹资政策,统一保障待遇,统一医保目录,统一定点管理,统一基金管理,具体内容如下。

第一,统一覆盖范围。城乡居民医保制度覆盖范围包括现有城镇居民医保和新农合所有应参保(合)人员,即覆盖除职工基本医疗保险应参保人员以外的其他所有城乡居民。农民工和灵活就业人员依法参加职工基本医疗保险,有困难的可按照当地规定参加城乡居民医保。各地要完善参保方式,促进应保尽保,避免重复参保。

第二,统一筹资政策。坚持多渠道筹资,继续实行个人缴费与政府补助相结合为主的筹资方式,鼓励集体、单位或其他社会经济组织给予扶持或资助。各地要统筹考虑城乡居民医保与大病保险保障需求,按照基金收支平衡的原则,合理确定城乡统一的筹资标准。现有城镇居民医保和新农合个人缴费标准差距较大的地区,可采取差别缴费的办法,利用2~3年的时间逐步过渡。整合后的实际人均筹资和个人缴费不得低于现有水平。

完善筹资动态调整机制。在精算平衡的基础上,逐步建立与经济社会发展水平、各方承受能力相适应的稳定筹资机制。逐步建立个人缴费标准与城乡居民人均可支配收入相衔接的机制。合理划分政府与个人的筹资责任,在提高政府补助标准的同时,适当提高个人缴费比重。

第三,统一保障待遇。遵循保障适度、收支平衡的原则,均衡城乡保障待遇,逐步统一保障范围和支付标准,为参保人员提供公平的基本医疗保障。妥善处理整合前的特殊保障政策,做好过渡与衔接。

城乡居民医保基金主要用于支付参保人员发生的住院和门诊医药费用。稳定住院保障水平,政策范围内住院费用支付比例保持在75%左右。进一步完善门诊统筹,逐步提高门诊保障水平。逐步缩小政策范围内支付比例与实际支付比例之间的差距。

第四,统一医保目录。统一城乡居民医保药品目录和医疗服务项目目录,明确药品和医疗服务支付范围。各省(区、市)要按照国家基本医保用药管理和基本药物制度有关规定,遵循临床必需、安全有效、价格合理、技术适宜、基金可承受的原则,在现有城镇居民医保和新农合目录的基础上,适当考虑参保人员需求变化进行调整,有增有减、有控有扩,做到种类基本齐全、结构总体合理。完善医保目录管理办法,实行分级管理、动态调整。

第五,统一定点管理。统一城乡居民医保定点机构管理办法,强化定点服务协议管理,建立健全考核评价机制和动态的准入退出机制。对非公立医疗机构与公立医疗机构实行同等的定点管理政策。原则上由统筹地区管理机构负责定点机构的准入、退出和监管,省级管理机构负责制定定点机构的准入原则和管理办法,并重点加强对统筹区域外的省、市级定点医疗机构的指导与监督。

第六,统一基金管理。城乡居民医保执行国家统一的基金财务制度、会计制度和基金预决算管理制度。城乡居民医保基金纳入财政专户,实行"收支两条线"管理。基金独立核算、专户管理,任何单位和个人不得挤占挪用。

结合基金预算管理全面推进付费总额控制。基金使用遵循以收定支、收支平衡、略有结余的原则,确保应支付费用及时足额拨付,合理控制基金当年结余率和累计结余率。建立健全基金运行风险预警机制,防范基金风险,提高使用效率。

强化基金内部审计和外部监督,坚持基金收支运行情况信息公开和参保人员就医结算信息公示制度,加强社会监督、民主监督和舆论监督。

(三)新型农村合作医疗保险的作用

自新农合制度实施以来取得显著成效,其作用体现在以下几个方面。一是有利于用较低的费用,保障农民得到基本医疗保健服务,减少患病农民因经济条件所限不敢或难以就诊及住院问题。二是有利于减轻患重病农民的经济负担,缓解农民"因病致贫,因病返贫"的现象再次发生。三是有利于大多数轻型病人在乡镇、村两级卫生机构就近就医,调整病人合理流向,使有限的卫生资源得到有效利用。发挥卫生院、村卫生所的作用,方便群众就诊。四是有利于卫生资源流向农村卫生机构,加强乡镇、农村基层卫生组织,改善农村基层卫生机构服务功能,稳定农村卫生队伍。完成公共卫生突发事件的紧急处置,减少灾害伤亡。五是有利于农村推行初级卫生保健,组织群众积极参与,实现我国人人享有卫生保健的战略目标。六是有利于发展农村卫生事业,有效保护劳动力,提高农民健康水平,促进农村经济发展。七是有利于提高党和政府在群众中的威信，密切党群关系，缩小城乡差别，保持社会稳定。

二、土地流转合作社

(一)土地流转合作社基本情况

土地流转合作社是指农村土地流转合作社是以家庭承包经营制度为基础，为了解决承包地分散经营、抗风险弱、收入不理想等问题，由享有农村土地承包经营权的农户或从事农业生产经营的组织把家庭承包地经营权进行流转，实行"三权分离"，随后进行集中统一规划和经营的农村互助性合作经济组织。基本形式是股份制和合作制，原则是自愿联合、民主管理，流转方式包括委托代耕、入股或其他流转方式，内部管理架构设有社员代表大会、理事会、监事会等，农户按入社土地面积从合作社获取分红收益。

目前，土地流转合作社大体上可以分为两种类型：(1)村集体牵头成立土地股份合作社，将土地整理后通过合作社转租，在土地流转中发挥中介作用，实际上是村集体组织"统"的职能的体现。合作社自己不经营，只是充当流转中介。但是通过土地整理，合作社也可以得到多出来大约10%土地的租金，这部分租金除了弥补整理土地的支出外，主要用作村集体的办公经费。(2)村集体或农户成立土地股份合作社自己经营。一开始合作社仅仅充当流转中介，后来逐渐组织本村的剩余劳动力自己经营。这样既增加了入股农民的分红数额，又增加了村集体的收入。

农民合作社作为新型农业经营主体，在推进土地流转工作中起到了举足轻重的作用，据2010－2019年《中国农村经营管理统计年报》数据显示，2018年流转入农户的耕地面积占当年总流转面积的57.17%，占据主体地位；流转入农民合作社的面积成为第二大流入主体，流入耕地面积在2013年突破当年总流转面积的20%，近年来仍有所增加，但增速放缓；流入企业和其他主体的面积在增加但比重基本保持不变。实践证明，土地流转合作社是现代农业生产的成功创新，但是仍需要结合当下的经济环境，不断深入发展。

第五部分 其他类型合作经济组织发展研究报告

表5-1 土地流转合作社公司化运营与维护的劳动力成本

占比		小苗	中苗	大苗
		2成	3成	5成
管护	1人看护亩数	4分地	1亩地	1亩地
	2人看护亩数	6分地	1.5亩地	3亩地
	管护费用/年	300元/人	300元/人	300元/人
锄地	每年锄地次数/亩	6次	4次	3次
	每亩地用工数	15个工	4~15个工	1个工2~3亩
	用工的工资/天	80	80	80
	成本总额/元	7200	1280~4800	80~120
公司流转土地的成本		800元/亩		
（平均）总成本（元）		9000	4140	1200
总成本（元/亩）		3642元/亩		

数据来源：邓宏图等，《管理世界》2020年第9期。

（二）土地流转合作社的意义

以合作社作为土地流转的载体，引导农民将土地流转给专业合作社经营，是完善农村土地流转方式的一种创新。其意义主要有以下几个方面：一是有利于土地资源优化整合，通过合作形式进行生产经营，符合农村发展的实际，对于进一步深化农村土地经营制度、实现适度规模经营、促进生产方式转变、带动农民增收具有积极意义；二是农民把土地委托给合作社统一经营，使这些农民完全从土地中解放了出来，安心外出务工经商或就地转移从事第二、第三产业，促进了专业化分工，同时这些农民又能得到土地收益，有利于保证农民长期而稳定的收益，也有利于农民的非农化转移和农村城镇化进程；三是实现适度规模经营，有利于加快农业产业化的发展。

(三)土地流转合作社面临的困境

1.土地流转短期行为严重,土地流转合作社服务质量有待提高

从出让方来看,主要是务工经商不稳定,也担心政策变化,怕土地转出后失去土地,所以大多采取短期流转方式;从合作社的情况看,由于流转期限短,容易产生短期行为,致使合作社不愿在土地上投入过多的成本,难以发掘土地的最大效益。土地流转期限短,合作社核心服务不稳定,致使其他服务也难以形成制度化、常规性、可持续发展性的关系。

2.合作社股权集中度过高,土地流转合作社治理结构有待调整

农民专业合作社与其他经济组织的一个重要区别是产权属成员联合所有,表现为成员加入合作社时,采取公平的方式缴纳入社股金,从而体现对合作社产权拥有的平等性,以保证在合作社中,包括资金的筹集及使用、公共积累提取及使用、盈余分配的程序及方式在内的重大事项的最终决策权集中在全体成员手中,并真正实现成员的民主控制。目前,土地流转合作社股金制度尚不健全,设立登记管理还不规范,再加上出于对核心成员的不信任,许多普通成员投资意愿不强,所以出资入股的普通成员数量非常少,导致合作社股权集中度非常高。这种产权拥有上的不平等,造成合作社决策机制不健全,利益分配等重要决策都由核心成员控制。

3."内部人控制"问题突出,土地流转合作社的监管机制有待优化

成员民主控制原则是合作社的原则之一,要求合作社的重大事项都要提交成员(代表)大会讨论通过,成员通过投票的方式管理合作社。目前,我国多数合作社融资非常困难,这些牵头人或理事长的作用过于突出,此时出资多、作用大的发起人或核心成员顺理成章地成为理事会和监事会成员,而出资少的普通成员基本不能进入管理层。因此,合作社普遍存在"内部人控制"问题,表现为依赖牵头人的合作社多,真正实行民主决策、民主管理的合作社少,监事会也形同虚设,难以发挥监督作用。

4.合作社社员缺乏认同感,土地流转合作社组织认同有待提高

虽然农村土地承包法对土地流转合作社给予了积极肯定,但社员在流转土地后很有可能成为土地名义所有者,理念层面上缺乏对主人翁角色的认同感,社员在追求利益的过程中,既没有参与管理的欲望,也没有参与管理的能力。

5.土地流转合作社未建立有效的监督和培训制度

现代职业农民的职业培训体系有待建立。一些合作社的民主管理制度尚不健全,尤其是民主议事、奖赏惩罚,土地核实等决策不公开。由于缺乏监督,经营管理者的行为失去了约束,少数人控制了合作社,一股独大,造成大多数社员利益的流失,合作社的存在也就失去了本来的意义。而且,一些土地流转合作社由于缺乏培训经费,相关业务的培训不到位,缺乏业务骨干,影响合作社经营水平的提高和经营规模的扩大。

(四)鼓励和扶持土地流转合作社的建议

第一,完善土地流转合作社的服务质量监控机制。只有在正确的理念指导下,社员才会明确自己的历史使命,真正为社员的利益考虑,谋取广大社员的福利。而当合作社的质量有保证后,才会增加对农民的吸引力,提高社员的生产积极性。因此要完善土地流转合作社的服务质量监控机制,形成内外双重质量监控,内部加强监事会职能发挥,外部建立土地流转合作社联社,制定质量标准与行业规范。

第二,完善土地流转合作社的内部运行管理机制。良好的内部组织体制约束着社员的行为,发挥能人引导作用,提供农业社会化服务,解决社员之间的难题,带领合作社健康发展。

第三,建立土地流转合作社的市场营销机制。市场营销机制应具有两方面的内容,一方面是市场营销窗口,另一方面是加强宣传力度。开展多样的宣传方式,多参加各种文化交流活动,扩大合作社影响力,使更多的人认识并了解合作社的方方面面,扩大合作社的市场影响力。

第四,建立现代新型职业农民的文化培养机制。现代新型职业农民应该具备较高的思想道德素养与科学技术素养。因此一方面要提高农民的思想道德水平。坚持发展中国特色社会主义文化,弘扬社会主义核心价值观。另一方面要加强科学文化教育,引用高水平人才,发展先进技术。组织开展专业技术的培训,培养专业的农机操作人员;组织开展对电脑技术、微信公众号宣传、淘宝网店经营的培训,同时加强法律等各方面的人才培育,加强自身实力。

三、测土施肥合作社

(一)测土施肥合作社的构成

测土施肥合作社主要由土肥技术人员、农资供应人员、配方专用肥生产企业、施肥作业人员、种粮大户、种植业生产合作社组成。主要任务除开展统一施肥等作业任务外,还包括及时向社员提供最新土肥信息、开展市场土肥信息与技术的收集和交流、为社员建立健康档案、为社员提供肥害补救措施等内容。合作社将把这些力量整合起来,织成一张科技网,从而最大限度地发挥土肥社会化服务功能。

测土施肥合作社的创建,把土壤监测体系、科研单位的配方专用肥技术、市场化运作的专用肥生产企业、连锁经营的农资供应网络、统一施肥的社会化服务组织等公益型服务有机地结合起来,构建新型的土肥社会化服务体系,真正把社会化服务的功能最大限度地发挥出来,对农业生产效率等方面的提高有着积极的影响。

(二)测土施肥合作社的意义

农业现代化要求区域化布局、专业化生产、标准化管理、产业化经营和社会化服务,农业社会化服务是农业现代化的重要标志和必由之路,测土施肥合作社是农业社会化服务的重要内容。

从宏观角度看,只要实现土肥、植保、栽培、机耕、灌溉在内的农业全程社会化服务,就可打开传统农业的产业化发展空间,使农民从土地上彻底解放出来,实现劳动力的实质性转移。同时,也解决了新农村建设中居民区与农业作业区空间布局的矛盾,以及农村实行联产承包责任制后,建立统分结合、双重服务机制的历史性课题,实现与国际社会的农协等基本农业制度接轨。这是"三农"工作重大的制度性突破,代表了农村先进生产力的发展方向,其意义深远。

从微观层面讲,土肥社会化服务是其中的重要环节,做好这项工作优势明显。一是可解决劳动力转移后的后顾之忧,使外出人员安心务工、经商;二是土肥服务平台前移,技术服务到户到田,解决农技推广"最后一公里"的老大难问题；三是专业人员统一操作，提高工效和施肥质量；四是依托技术服务平台，通过项目推进，加快测土施肥新技术推广；五是科学用肥，化肥减量使用，从源头上解决农产品质量安全和农业面源污染问题；六是组建一支专业化测土配方施肥队伍，为开展大规模统一施肥等社会化服务创造条件；七是构建新型土肥服务体系，为现代农业消除体制性障碍。

四、劳务合作社

随着土地规模化经营和农村青壮年劳动力向第二、三产业的转移，农业社会化服务体系滞后的问题日渐凸显：一方面，土地流转规模化经营，农村出现季节性用工难和社会服务用工难等问题；另一方面，随着青壮年劳动力向第二、三产业的转移，农村富余劳动力大部分是老人、妇女或儿童，存在就业困难问题。这就催生了对劳务合作社发展的需求性。

（一）劳务合作社的分类

农村劳务合作社大体可分为三类，一类是农村劳务合作社，另一类是农业劳务合作社，还有一类是文化劳务合作社。

1.农村劳务合作社

农村劳务合作社主要在如江苏苏南等经济发达地区。随着当地农村经济社会发展，部分农民由于年龄结构偏大、文化程度较低、劳动技能有限，造成就业困难，收入水平较低，为此，当地政府鼓励支持农村劳务合作社建设和发展，以解决这部分农民中有就业愿望、有劳动能力、但难以找到合适就业岗位的农村劳动力的从业问题。通过劳务合作社这个平台，为企业发展、社区管理、农业项目、农村公共服务运行维护等提供劳务服务，既为用工单位解决了劳动力需求，又促进了农民增收。这些劳务合作社的主要业务通常集中在绿化养护、环境保洁、河道保洁等农村公共服务领域方面。2001年，太仓市浮桥镇将被征地农民组织起来，既解决了一些难以找到合适就业岗位的农村闲置劳动力的稳定就业问题，又为用工企业提供了优质的劳动服务，取得了良好的经济效益和社会效益。这是全国第一家农村劳务合作社。

2.农业劳务合作社

近年来,为了提高留守农民劳动技能,提升劳务输出组织化程度,引导农民树立自主创业意识,四川省崇州市、河北省抚宁县等地政府部门,以当地农村富余劳动力、失地农民的劳动合作为基础,引导成立农业劳务合作社,旨在通过转变农业生产方式,有效解决农业生产管理中的用工"瓶颈"。这些劳务合作社把农村富余劳动力、失地农民的就业与土地规模经营主体(特别是龙头企业)劳动用工、现代农业技能要求统筹兼顾起来,为种植业、养殖业、加工业业主提供劳动用工、技术管理、市场信息等农业社会化服务,实现劳资双方无缝对接,合作共赢。

3.文化劳务合作社

文化劳务合作社是为民间文化艺术提供指导服务的农民专业合作社,可以通过项目支撑、产业带动,推进当地民间艺术文化活动的社会化、市场化、产业化进程,打造新的民间文化产业品牌。全国首家农民文化劳务合作社——"睢宁县乡韵农民文化劳务专业合作社"于2014年1月在江苏省徐州市睢宁县成立,睢宁乡韵农民文化劳务专业合作社是自我表现、自我教育、自我服务、自我发展、自娱自乐、自负盈亏、自愿联合、民主管理,扎根农村,自下而上的文化自助性、互助性合作经济组织。目前由民间文化、民间艺术、特色餐饮及基层供销为农服务分社等13个分社组成,单位成员37个,农民成员260个。该合作社坚持"三农"服务的发展方向,在提高农民组织化程度上发挥重要作用,重在打造服务品牌、不断拓展业务,带领农民挖掘和传承乡土文化走上富裕之路。

(二)劳务合作社的功能和意义

不难看出,农村劳务合作社与农业劳务合作社都是农民"自我管理、自我服务、自我提升"的有效途径,但前者侧重于提供农村公共服务,后者则侧重于提供农业社会化服务。其中,更值得注意的是农业劳务合作社,他们根据当地产业发展特色需求,开展针对性专业技能培训,并依据企业需求和农民特长,组织农民成批次有序地为土地规模经营主体(特别是龙头企业)提供代耕、代种、代管、代收甚至代销的多环节乃至全程的专业化社会服务,促进入社农民从自耕自助就业转变为产业就业,增强了农民抵御市场风险的能力,实现了就业专业化、集团化、稳定化。

应该说,劳务合作社在经济社会发展中起到了比较明显的作用:一是劳务合作社不仅为解决农村留守人员就业问题提供了新途径,同时还缓解了土地规模化经营和农村富余劳动力之间的矛盾;二是劳务合作社根据当地特色产业的发展需求,依据成员的农业技术特长,搞好农业科技培训,提高了成员的职业技能和整体素质;三是劳务合作社有效连接了农民和市场、农民与企业、农民与岗位,使留守农民获得了较好就业和再就业机会,增加了劳动收入,改善了生活质量;四是劳务合作社将原来的突击整治环境转化为经常性环境管理,既降低了村级行政开支,又确保了农村环境的长效管理和不断优化;五是劳务合作社在解决中老年农民和贫困家庭的就业增收问题和削减社会转型期农村各类矛盾中也发挥了重要作用,进一步增强了基层组织的社会管理功能。

在土地规模化经营和城乡统筹建设的进一步深化过程中催生的劳务合作社,有利于促进就业和稳定就业,增加农村居民收入,促进农业规模化经营;同时,通过农村劳动力就业方式的转变,能引导农村居民改变传统的生产和生活方式,有利于推进农村的城镇化,推动农村社会管理水平,促进农村社会的和谐稳定。

五、农业保险合作社

(一)农业保险合作社基本情况

农业保险合作社是合作制保险形式之一,目前全球具有影响力的保险合作社有美国的蓝十字与蓝盾协会(Blue Cross and Blue shield Association)等。这种组织形式分布于30多个国家,其中英国的数量最多。农业保险合作社是在一定区域内建立起来的、由参保的农户为主体、不以营利为目的的组织,农户加入合作社时须认缴一定金额的股本,投保时缴纳保险费。农业保险合作社自主经营、自负盈亏,成员有权参与日常的经营管理,业务结余留在社内归全体成员所有。作为一种风险共担、利益共享的非营利性互助合作组织,农业保险合作社相对于商业保险公司而言在经营农业保险方面具备许多优势,并成为法国、德国、日本等国家农业保险的经营模式。

(二)世界农业保险合作社的典型做法

农业保险合作社在许多国家推广并取得成功经验,其中日本、法国两国的农业保险合作组织运转最为成熟,对世界其他地区借鉴程度最大,但各国国情不同,具体操作上各具特色。例如法国主要由农户自愿组成合作社,日本则是在政府大力支持下成立农业共济组合。

1.日本农业保险合作组织发展状况

日本发展农业的先天性自然基础差,它的耕地面积极为有限,农业自然灾害频发。为应对以上不利的客观条件,相关部门开创性地设立了农业共济体系,一种具有合作性质的农业保险模式,完善的运行体系与农业保险立法相搭配,使日本的农业保险合作组织发展迅速,并为日本成功实现农业现代化作出巨大贡献。

日本农业保险合作组织结构严谨且规范,它施行的是一种自下而上"三级"共济制度。第一级的是村一级农业保险合作社,也可称为农民共济组合,目前整个日本有2000多个具备相近特征的共济组合。第二级的是府、县一级的合作社联合会,也可称为农业共济组合联合会。第三级的是在最高农业机构设立的特别会计处。其中农业共济组合联合会与农民共济组合之间是保险协助分担关系,特别会计处与共济组合联合会之间是再保险关系。政府直接参与农业保险,对农业保险合作组织也给予协助,如县以上联合会经营和管理费用、少数基层农民共济组合的运营经费由政府提供。然而政府作用仅限于管理监督,经营权则完全由共济组合、联合社自身掌握,因此农业保险合作组织工作更加高效。

日本的农业保险合作组织健康持续发展离不开相关法律法规的支持,农业保险在日本随着相关法律的不间断改进而逐步完善。《农业灾害补偿法》是日本农业保险的基本法律,它于1947年开始实施,至今已进行了7次修订,该法对农业保险险种及费率、政府补贴额度与政府职责、具体业务操作、大灾应对等方面都进行了详细的规则制定,对合作组织社员的法律支持实用性较强。

税收优惠政策方面,日本未能实施免税政策,但对农业保险合作组织,税收优惠的程度大,征税税率和额度远低于其他行业。

补贴支持上,日本政府对农业保险合作组织财政补贴担负着重要责任:在面向保险合作组织会员的保费补贴方面,政府直接担负着农民所交保费的大半份额。在面向保险合作组织的运营补贴方面,政府在负担合作组织的管理费基础上,还补贴农业保险合作组织农业保险项目的亏损。

2.法国农业保险合作组织发展状况

欧洲工业革命推动了农业科技水平的进步、生产水平的提高和相关市场的扩张,极大地冲击了法国先前存在的农业经济体系,农民及农场主的利益严重受损。为应对此种不利局面,进行合作运动的概念被提出,合作组织被建立。

法国现有农业保险合作组织极具特色,它遵循农民自愿原则,是一种具有民间色彩的"农业保险合作组织",其优越性包括:(1)坚持非营利性质,保险合作组织通过其他途径募资支持农业保险。(2)具有完善的再保险支持,不论具备政府背景还是不具备政府背景的保险公司均可向农业保险合作组织提供再保险。(3)保险覆盖人数多,覆盖面广,功用大。功能方面,不仅承担对农民的救济,还进一步给予金融支持与生活福利补贴。

法国的农业保险法制完善程度较高,有利于农业保险合作组织的发展。《农业互助保险法》于1900年7月颁布实施,为法国的第一部农业保险法律,它从颁布实施之日起到目前已进行了多次完善。此法令中与农业保险合作组织相关的内容为明确农业互助保险社自身应担当的责任与义务,即牲畜意外死亡、火灾、冰雹险等由互助保险社进行承保;洪涝、干旱等大灾险进行承保政府和其他实力较强的社会机构进行承保。20世纪20年代,法国专门的农业保险合作组织法律被颁布,规定的保险内容较为全面,涵盖了火灾、家畜、冰雹、意外保险4大险种,至今还适用。1976年7月,法国通过了《保险法典》,它将法国100多年以来所颁布的保险法律条文与规则进行了内容方面的总结充实,并进行一定的创新。对农业保险,包括农业保险合作组织在组织形式、承保与理赔方式、政府角色方面进行了较为详细的规定。随着农业保险合作组织的快速发展,相关法律法规调整与完善工作到目前仍还在继续。

税收优惠政策方面,法国政府在收入、存款、资本与财产方面,对合作组织成员在生产方面进行了赋税的免征。补贴支持方面,法国政府对作为合作组织成员的农户坚持高补贴低费率政策,给予的补贴额度达到农户所交保费的50%~80%,同时对农业保险合作组织自身的运营也给予一定补贴。

(三)我国农业保险合作社的发展

近年来,我国政府对农业保险重视的力度逐步加大,接连推行相关农业保险制度及规范。2013年我国首部农业保险法规——《农业保险条例》的颁布施行为其提供了法律支持。2016年中央一号文件提出,要将农业保险作为促进农业生产提升的重要媒介,扩大农业保险覆盖范围、提高抵御风险水平,大力发掘适应新型农业主体需要的新品种,形成农业保险与其他农村金融机制联动,对农业保险大灾分散机制进一步完善。目前我国农业保险正在快速发展,对农民的保障程度也在不断提高,但现有的经营模式仍不能满足农业保险的发展需求与农民的需求,需要拓展新的经营模式,因此农业保险合作组织正在尝试构建与发展。

2017年中央一号文件着重强调,继续拓宽经营模式,加大服务"三农"力度,支持发展农业互助保险,并将农业保险渗透到农民合作社,在农民合作社内部的信用合作方面首先展开相关工作。

保险合作社能够容纳不同水平的生产力,尤其在解决我国农业保险供求不足方面具有明显的优越性,因此这种组织形式很适合我国当前农村经济发展水平,是发展我国农业保险理想的组织模式,但由于长期以来我国农村自治并不成熟,完全依靠农户组织保险合作社可能会遇到一些障碍,因此应在各级政府的引导和扶持下,立足于自身特点,建立和发展适合我国国情的保险合作组织。

六、住宅合作社

(一)我国住宅合作社的含义

国务院住房制度改革领导小组、建设部、国家税务局在1992年发布的《城镇住宅合作社管理暂行办法》中对住宅合作社做了如下定义:"本办法所称住宅合作社,是指经市(县)人民政府房地产行政主管部门批准,由城市居民、职工为改善住房条件而自愿参加,不以营利为目的公益性合作经济组织,具有法人资格。住宅合作社的主要任务是:发展社员,组织本社社员合作建造住宅;负责社内房屋的管理、维修和服务;培育社员互助合作意识;向当地人民政府有关部门反映社员的意见和要求；兴办为社员居住生活服务的其他事业。"

（二）我国住宅合作社和分类

《城镇住宅合作社管理暂行办法》中对住宅合作社有以下分类：一是由当地人民政府的有关机构，组织本行政区域内城镇居民参加的社会型住宅合作社（社会型）；二是由本系统或本单位组织所属职工参加的系统或单位的职工住宅合作社（系统型或单位型）；三是由当地人民政府房地产行政主管部门批准的其他类型的住宅合作社（危改型或搬迁型等）。

（三）我国住宅合作社的作用

作为我国住房保障制度的供应体系，合作住宅、经济适用住房和集资建房都享受了政府的有关优惠、扶持政策，但它们的运作方式是有所区别的。经济适用住房按市场规律运作，它的定价包含一定的经营利润，建成的住房向全社会的中低收入家庭出售；集资建房一般由单位出面组织，单位提供建房用地，由参加集资的职工部分或者全额出资建设；而合作住宅则是由社员自愿组织、互助合作、民主管理的一种住宅。另外，在我国，有些合作社在建房完成之后，产权归社员个人所有，合作社作为一种组织，即退出住房管理，或宣告解散，这只能称为合作建房，是我国住宅合作社不够规范的表现。

国内住宅合作社典型案例包括北京市国土资源和房屋管理局住宅合作社和南京市职工住房合作社。北京市国土资源和房屋管理局住宅合作社是隶属于北京市国土资源和房屋管理局（现与市房改办、市地矿局合并为北京市国土资源和房屋管理局），在北京市范围内为解决城镇居民的住房困难，改善住宅条件，发挥国家、集体、个人三方面的积极性而建立的公益性合作经济组织。南京市职工住房合作社创建于1993年，在南京市总工会的直接领导下，面对全市无力购建住房的中小型企事业单位和中低收入的职工，通过政府减免建房的扶持政策，降低成本，为解决南京市住房困难职工的安居作出了贡献。

中国住宅合作社的出现，顺应了经济发展的实际需求，在一定程度上满足了部分城镇居民的住房需求。然而，由于种种原因，我国住宅合作社在20世纪90年代初期经历了短暂繁荣，目前基本处于停滞阶段。住宅合作社具有典型的非营利性特征，旨在通过社员集资合作建造住宅，改善合作社社员的居住条件。

然而，从我国实际来看，住宅合作社的生存和发展却因处处受限而一直处于极为艰难的境地，在改善公民居住条件、实施住房保障的过程中，并没有充分发挥其应有的作用。在我国当前住房保障背景下，组建住宅合作社、集资合作建设住房的呼声越来越高。

七、消费合作社

消费合作社是自愿联合的消费者，通过其共同所有与民主控制的企业，满足它们共同的经济、社会与文化需要及理想的自治联合体，它也遵循国际合作社联盟的七项原则，因而在本质特征上与其他类型合作社并无实质区别。最典型的消费合作社类别是经营食品与其他非食品类生活用品的消费合作社，其广义的业务领域更还包含电力、电话、健康医疗甚至住房与金融服务等消费合作社种类。

（一）我国第一家消费合作社建设

1922年7月，中国工人阶级最早的合作经济组织——安源路矿工人消费合作社正式成立，安源路矿工人俱乐部党支部书记李立三兼任总经理。李立三说："要巩固和扩大罢工斗争的胜利成果，就必须办好安源路矿工人消费合作社。"1923年2月7日，安源路矿工人俱乐部租用"刘协记"南货店，作为安源路矿工人消费合作社社址正式营业。正式营业后的消费合作社由易礼容任总经理，朱少连任副总经理。1923年3月，易礼容离开安源后，由毛泽民任总经理。合作社设立兑换、粮食、服物、器用四个股，分别经营兑换银钱和贩卖日常生活物品业务，每股设经理一人，毛泽民为兑换股经理，唐升超为粮食股经理，陈枚生为服物股经理，谭茂林为器用股经理。合作社聘请营业员十余人，林育英、毛新枚、毛福轩、李谓璜、周辅仁等都在消费合作社中当过营业员。

合作社刚开张时，主要经营布匹、油、盐、米、茶和其他日用杂品、小百货，经营布匹主要是考虑到井下矿工衣服磨损大，是他们消耗最大的一宗商品。消费合作社的所有商品都只有微利，尽可能让利于消费的矿工兄弟们。为了让群众在合作社买到物美价廉、称心如意的生活用品，毛泽民根据群众的需要，派人到长沙、汉口等地去采购货物。有时，他还亲自出马。为了减少运费，购回的货物一般由俱乐部所属的株萍铁路职工顺车捎回。这样一来，消费合作社售出的货物价格比当地市场至少便宜 1/3 以上。

随着消费合作社的不断壮大，合作社几乎垄断了安源煤矿的消费市场。在当年消费合作社的一份月报表上，清晰地记录着一个月销售大米 500 石，食盐万斤，食油 4000 斤，煤油 2000 斤，布匹约值 3000 元等，售货总额约 1.3 万元。这对于当时仅有 8 万人口的安源来说，已是相当可观的数目。到 1923 年 8 月，合作社的商店由一个增加到三个，管理人员和营业员增加到约 40 人。

安源路矿工人消费合作社是全国第一家和当时仅有的一家工人消费合作社，也是中国工人阶级第一个经济事业组织。它的创办和发展，对于改善工人的经济生活，团结工人坚持斗争，训练工人管理经济的能力，发挥了积极作用，为中国共产党领导经济事业创造了最初的经验。

(二)现代消费合作社的发展

1.现代消费合作社运作形式

目前，我国的消费合作社发展主要涉及食品和基本生活用品领域，特别是在农产品销售领域。

北京市农研中心成立的农研职工消费合作社与延庆北菜园农产品产销专业合作社进行"社社对接"，消费合作社搭建了社员在线购物和监督平台，通过"互联网＋物联网＋充值卡＋智能配送柜"的形式，提供随时随地在线订购北菜园蔬菜的服务。同时为了拉近生产者和消费者的距离，农研中心职工消费合作社还组织社员定期考察参观北菜园联合社的蔬菜生产环境，了解蔬菜的生产管理和配送过程，不仅让消费者用得放心，同时对产品的质量也起到很好的监督作用。

全国第一家由省级供销合作社成立的城市社区消费合作社——云南永的大树营消费合作社，在昆明市东风东路金马立交桥旁大树营后村成立。这是由云南省供销合作社牵头，目的在于为社区居民提供方便优惠的服务，在市场物价波动的时候，可以通过对分布各社区的消费合作社进行适当补贴进行物价调控。

济南市鲍山花园消费合作社由郭店供销合作社、供销新合超市、鲍山花园社区三方共建，采用会员制，按照"入社自愿、退社自由、互利合作"的原则，发展鲍山庄园社区居民为会员，消费合作社遵循"政府主导、供销合作社主办、市场化运作、民主管理、利益共享"的原则管理运营，现已发展会员 600 户。其中，供销新合超市共有 17 家大中型超市、151 家村级加盟店，实现了乡镇全覆盖，年盈利 698 万元。

有效参与到社区公益服务和社区治理中，不仅是消费合作社的特点，更是历城区社为农服务的创新之举，尤其在 2020 年爆发新冠肺炎疫情期间，济南市鲍山花园消费合作社担起了保障社区居民生活的重任。面对社区封闭管理，供销新合超市鲍山店承诺所经营商品保质量、不涨价、保供应。在人、物、车等资源都非常紧缺的情况下，供销新合超市鲍山店确保供应链不中断，稳定了居民情绪，为社区疫情防控贡献了供销合作社力量。

2.现代消费合作社的意义

市民对高品质农产品的强烈需求与农民生产的绿色有机农副产品没有通畅的销售渠道、市民购买农产品价格居高不下与农民合作社产出的农产品批发价格极其低廉是当前存在的两个矛盾性的问题。在矛盾面前，消费合作社能够充分发挥合作经济优势，通过开展消费合作，把消费合作社打造成新时代供销合作社为市民服务的主阵地以及推进"消费合作＋消费扶贫"的生力军。消费合作社一头连着农民，将农民及农民合作社生产加工的特色有机农产品从乡村、从菜地收集起来；另一头连着广大市民，将生鲜农产品通过电商平台、直营网点直接推送到市民身边，在农民与市民之间搭建起一道便捷顺畅的交易渠道。消费合作社将农副产品从直供基地通过网上商城和社区直营店直供广大市民消费者，去掉了传统农副产品流通模式中批发商、中间商层层加价的现象，由此农民和农民合作社利润增加了。与此同时，消费者通过加入消费合作社，成为消费合作社社员，不仅能买到价格低于市场的农副产品，同时，还能够分享消费合作社交易额返利以及各种社员福利。

利用消费合作模式，可以有效便捷采集客户消费需求信息，为建立社区微商平台、云端定制服务全覆盖创造条件。消费合作社年底前将优先为 1000 户入社会员建立线上直采平台，然后再推广到社区全体居民中，并融入供销合作社正在建设的"村村云"电商服务网络，构建"线上订单＋线下订单＋快递物流配送"的多方位服务模式。

由于新形势下我国发展消费合作社的经验还较缺乏，其业务领域尚未涉及太多产业，比如像住房这样的敏感且涉及多部门、多利益的产业，因此进一步发展消费合作社是一个总体上逐步推进的过程。

八、乡村旅游合作社

伴随着乡村旅游的发展，一些地方由农户各自经营、各自为政引发的恶性竞争时有发生，为实现乡村旅游可持续发展，乡村旅游合作社应运而生。乡村旅游合作社是指以农事生产为基础，占有相关资源的农户在自愿联合、民主管理的基础上建立的互助性经济组织。

（一）乡村旅游合作社的类型

乡村旅游合作社主要有两种合作类型。

1.实物合作，即以乡村旅游发展依托的实际存在的有形事物为入股要素进行合作。其主要包括三个方面：一是旅游资源，如属于农户私有的特色建筑、田园菜畦等；二是旅游生产要素，如土地、房屋等，对其加以征用和改造，从而使其成为旅游接待设施；三是其他相关资源，如豆腐作坊，旅游者对乡村豆腐坊生产的豆腐情有独钟，开展乡村旅游时将其作为必不可少的饮食类别，因而，可以考虑将豆腐作坊纳入乡村旅游合作社。依托实物是开展乡村旅游合作的基础。

2.文化合作，将文化纳入合作范围能够有效提升乡村旅游文化内涵。文化合作具有两层含义，一方面是指文化艺术载体以产品形式参与合作，如木版年画的印制、竹工艺品的编制等；另一方面是指具有某种文化艺术表演能力的人，如皮影戏的传承者，民族舞蹈的表演者，其可以通过艺术表演而加入乡村旅游合作社。文化合作是乡村旅游合作的提升。

（二）我国乡村旅游合作社建设

乡村旅游合作社是农民合作组织，但其仍然需要以政府为主导，促使乡村旅游在以下方面发力：首先，获得财政支持，如政府对乡村旅游合作社予以适度的财政补贴，在税收、金融等方面给予一定的优惠政策，解决乡村旅游合作社发展中的资金问题；其次，享受惠农政策，如政府对乡村旅游制定统一的营销战略，对乡村旅游资源进行统一推广，从而为乡村旅游发展扩大宣传，节约成本；最后，接受培训教育，政府组织专家学者对乡村旅游合作社提供一定的智力支持，对服务人员进行培训和教育，从而提高合作社工作人员的综合素质。

乡村旅游合作社也需要企业的参与。企业参与乡村旅游合作社运作应当是全方位的，首先，参与融资，为乡村旅游合作社运营提供一定的资金支持；其次，参与生产，提升乡村旅游合作社竞争力，引导乡村旅游企业做大做强；最后，参与管理，以企业管理的视角，指导合作社成员规范化生产运营。

九、全国手工业合作社

（一）中华全国手工业合作总社的成立

中华全国手工业合作总社于1957年成立，是在党中央、国务院领导下，由全国各省、自治区、直辖市联社及其集体工业经济联合组织组成的集体所有制经济联合组织。总社的主要职能是按照建立现代企业制度和把集体企业真正办成职工（社员）自己的企业要求，组织、推动城镇集体（合作）企业改革与发展，以适应社会主义市场经济发展的需要；组织指导发展新型的集体企业、合作制企业及家庭手工业，吸纳就业人员，维护社会稳定；组织成员单位开展互助合作活动，为成员单位提供供销、技术、信息、资金融通、法律咨询、人才培训等各项服务，帮助其提高素质和整体效益等。中华全国手工业合作总社及其所属各级联社已逐渐成为集体企业改革和发展的指导和组织者，集体经济政策的建议和协调者，集体资产的管理和维护者，政府与企业之间的桥梁和服务者。

（二）中华全国手工业合作总社章程

2011年，中华全国手工业合作总社第七次代表大会审议并一致通过了《中华全国手工业合作总社章程（修正案）》，决定正式颁布施行。该章程规定"中华全国手工业合作总社是在党中央、国务院的领导下，由各类城镇集体工业联社、手工业合作联社和其他集体经济组织组成的全国性的联合经济组织，是各级联社及其他成员单位的指导和服务机构"。

该章程约定，中华全国手工业合作总社指导成员单位和集体企业，深化改革，发展多种形式的集体经济，互助合作，实现劳动者的共同富裕。总社实行自愿、自主、合作、互利、民主、平等的原则。以指导、维护、监督、协调、服务为基本职能，搞好资产运营，增强经济实力，强化服务功能，成为联系政府与企业

第五部分 其他类型合作经济组织发展研究报告

的桥梁和纽带。总社及其各级联社依法具有独立的法人地位,是本级联社资产所有者的代表,其合法权益受国家法律保护。中华全国手工业合作总社下属各级联社,其中各省的理事单位见表5-2。

表5-2 中华全国手工业合作总社下属各级联社理事单位

北京			
北京工美集团集体资产管理协会	北京市手工业生产合作社联合总社		
天津			
天津市二轻集体工业联社	天津市城市集体经济联合会		
河北			
河北省轻工集体工业联社			
山西			
山西省城镇集体工业联合社			
内蒙古			
内蒙古自治区二轻集体工业联社			
辽宁			
辽宁省城镇集体工业联社	辽宁省城镇集体工业联社	大连市轻工集体工业联社	
吉林			
吉林省手工业合作联社	长春市手工业合作联社	白山市手工业合作联社	
黑龙江			
黑龙江省二轻集体企业联社	哈尔滨市区街二轻集体联社	哈尔滨轻工集体企业联社	牡丹江市二轻集体企业联社
上海			
上海市工业合作联社	上海市生产服务合作联社	上海市城镇工业合作联社	
江苏			
江苏省城镇集体工业联社	南京市城镇集体企业联社		

续表

浙江			
浙江省手工业合作社联合社	杭州市手工业合作社联合社		
安徽			
安徽省轻工企业联社			
福建			
福建省城镇集体工业联合社			
厦门			
厦门市二轻集体企业联社			
江西			
江西省手工业合作联社			
山东			
山东省轻工集体企业联社	青岛市二轻集体企业联社		
河南			
河南省城镇集体工业联合社			
湖北			
湖北省城镇集体工业联社	武汉市工业合作联社		
湖南			
湖南省城镇集体工业联社			
广东			
广东省二轻集体企业联社	广州市二轻集体企业联社		
海南			
海南省二轻集体企业联社	三亚市二轻集体企业联社		

第五部分 其他类型合作经济组织发展研究报告

续表

广西			
广西壮族自治区二轻城镇集体工业联合社			
四川			
四川省工业合作联社	成都市工业合作联社	重庆市工业合作联社	
云南			
云南省城镇集体企业联社			
陕西			
陕西省手工业合作社联合社	西安市工业合作联社		
甘肃			
甘肃省手工业联社			
青海			
青海省手工业合作社联合社			
宁夏			
宁夏回族自治区工业联社			
贵州			
贵阳市城镇集体工业企业联社			
新疆			
新疆维吾尔自治区轻工集体经济联社			

资料来源：中华全国手工业合作总社网站，http://www.chicoop.org。

十、社区股份合作社

(一) 我国农村社区股份合作社的形式

农村社区股份合作社是将农村集体所有的经营性资产以股权的形式量化给每个村级集体组织成员,从而形成全体社区居民(农民)所有、民主管理、民主决策、独立核算、自主经营、风险共担的新型合作经济组织。农村社区股份合作社遵循股份合作制的原则,一般以村级组织为单位,也有的以村民小组为单位。农村股份合作社的大发展时期是20世纪90年代,主要是一些比较富裕的村,把村集体中无法分割或没有承包到户的资产,以股份的形式按照一定的规则平均分配到每一个社区成员,年底按股分红。尽管各地的做法不完全相同,但总的来看都体现了加强农村集体资产经营管理这个核心,体现了资产保值增值、增加农民收入的目标。进入21世纪以后,尤其是《农民专业合作社法》出台后,一些地区还根据《农民专业合作社法》对社区股份合作社进行了规范,如江苏省在2011年出台了《江苏省工商局关于农村社区股份合作社登记的指导意见》,主要是规范登记管理,促进其进一步发展。

在农村社区股份合作经济组织中,村一级的社区成员之间有一定的血缘关系,活动范围较小,较易实现对经营者的监督,在实行股份合作制的过程中,便于实行折股量化、以分为主的方式,农民也乐于接受。目前,进行这一改革比较著名的村一级社区合作经济组织当数华西村。

(二) 农村集体经济改革与社区股份合作社

中国的农村集体经济组织建立是一个从未有过的理论难题。这不仅因为村庄所在地的自然禀赋、经济结构、社情民意等外部因素不一样,还在于其内部有着复杂的人地关系,土地的所有权归集体所有,这个集体可能是村,可能是村民小组,农户获得30年不变的承包经营权,另外还有一块宅基地。而在承包地之外,还有大量的所谓机动地和荒地,有些地方还有所谓的建设用地。在实行联产承包责任制的初期,面对的市场是一个农产品供不应求的市场,所以农户生产力的解放获得可观的发展成果。进入21世纪以来,快速发展的工业化、城

第五部分　其他类型合作经济组织发展研究报告

市化对农业、农村和农民的挤压越来越突出，这使得农村治理弱化的问题逐步凸显出来。

改革开放以来，中国的合作经济发展有了长足的进步，但是各种合作经济组织和集体经济组织不兼容的问题正在阻碍中国形成一个完整的农村合作组织体系。我们需要依据中国的国情来构建农村经济组织结构，为农村集体经济组织进入市场提供通道。加速推进建立合作制与股份制相结合的农村社区股份合作制是适应市场经济要求的。通过各地的不断尝试与努力，我国农村集体经济有了一定的发展并取得了初步成效，形成了晋江模式、苏南模式、温州模式等，但是农村社区股份合作制改革仍处在摸索阶段。

华西村的经济发展之路是对苏南模式的扬弃，它吸收原模式的精华，又结合了现代股份制的优点，走出了一条新路。对于村民实行既可以搞集体经济又可以从事个体经营的一村两制，实行"多提积累少分配，少分现金多转制"的分配方式。这种分配方式，使闲置资金在统一经营中实现裂变增值，既避免了收入差距过大，又保证了广大农民在资产的不断增值中持续增加收益。

华西村通过"一分五统"（村企分开；经济统一管理，干部统一使用，劳动力在同等条件下统一安排，福利统一发放，村建统一规划）的办法和周围16个行政村合并组成了一个大华西村，成立华西村集团，下辖9大公司、60多家企业。现在的华西村集团正是集体控股70%，村民参股30%构成的社区合作经济模式。对超额利润按20%上缴集团公司，80%留归企业进行分配。留归企业的部分按"一三三三"比例分配，即10%奖给承包者，30%奖给技术、管理人员，30%奖给职工，30%留作公共积累。村一级的社区成员之间有一定的血缘关系，活动范围较小，较易实现对经营者的监督，在实行股份合作制的过程中，便于实行折股量化，以分为主的方式，农民也乐于接受。这种分配机制既平衡了集体、个人的利益关系，又可调动经营者和职工群众的积极性。

华西精神的核心是"创富"的使命感和"共富"的社会责任感，尊重市场是配置资源基础要素的要求，使农村集体经济组织的改革融入市场发展的循环中。但华西模式并不一定适用所有的农村社区，一方面要学习华西村发展集体经济、共同富裕的理念；另一方面要结合本地实际，因地制宜走适合本地发展的道路。

十一、农产品商务合作社

(一)农产品电子商务合作社

随着农民专业合作社的发展壮大和农民专业合作社信息化建设的推进,农民专业合作社电子商务正在逐步兴起,农产品网上交易电子商务平台发展较快。

农民专业合作社主要的电子商务活动是农产品的销售和生产资料的采购。在农产品销售活动中,其对象主要是个人客户和组织客户,采用 B2B 和 B2C 的混合电子商务模式,为个人和组织提供便利的农产品交易渠道,比如开通农产品网上零售店、"社超对接"系统、"社校对接"系统等;合作社生产资料的采购借用互联网,开通网络采购平台,提升采购活动的效率。

无论是农产品的销售,还是生产资料的采购,都是通过电子商务的交易平台来实现的,打破了农产品销售和生产资料采购的地域局限性,也降低了交易成本。交易平台对贸易双方进行身份认证后,通过标准质量检测体系对农产品进行质量检测,并向贸易双方提供信息服务、中介服务、交易服务,对整个交易过程进行监控管理,保证交易的安全性和规范性。农产品供应体系的建立,使农产品生产规模化、标准化,保证了农产品的供应;第三方综合平台的建立,保证农产品的质量以及整个交易过程安全、规范地进行;交易双方通过规范化的交易,加强彼此的合作,有助于电子商务供应链体系的建立。农产品电子商务平台供应链如图 5-2 所示。越来越多的省份根据自身农产品的特色,与各大知名电商合作,共建电子商务平台。如淘宝网的"特色中国"板块,云集了全国各地的特色农产品、土特产,它是典型的"农民专业合作社+电子商务"的运作模式,不仅扩大了农产品的销路、推动了当地农村富余劳动力的就业,并且还提供电商操作的相关培训课程,提高了当地农民的电子商务营销能力。

第五部分 其他类型合作经济组织发展研究报告

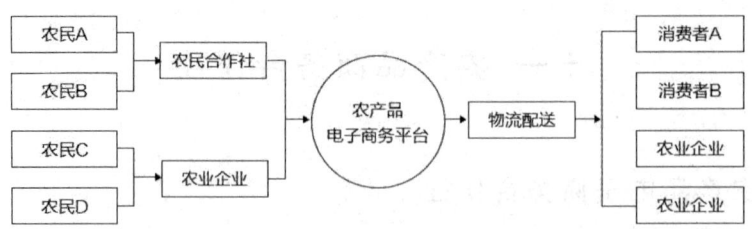

图 5-2 农产品电子商务平台供应链

(二)农产品期货合作社

目前,我国大部分粮食品种已经放开价格,棉花也逐步实现市场化改革,市场经济活动无不充满了风险和不确定性,尤其是农产品,生产周期长,受天气影响较大,天灾减产无收,丰收了粮多价贱愁卖,市场价格波动给农民的利益造成了很大风险。特别是我国加入世界经济贸易组织以后,农民将面临国内、国外两个市场的竞争,价格波动将更加剧烈。

农民与商业性的公司一样,能够通过期货市场进行套期保值,来分散农产品价格风险。例如,在存在期货市场的条件下,农民在播种小麦的同时,可以预先在期货市场上卖出与他预计的小麦产量数量相等的小麦期货合约。如果收获季节小麦价格下跌,农民在期货市场上的收益将能完全或部分弥补在现货市场上的损失。农民是农产品现货市场的主体,如果没有一定数量的农民进入期货市场,就很难说农产品期货市场的发育是完善的。但是,在今后较长的时间内要使一定数量的农民直接从事期货交易是不现实的。

发展农产品期货合作组织是目前发达国家常用的做法,美国、日本都有农民合作社,为农民利用期货市场规避风险提供了便利条件。美国农民参与期货市场的方式有多种,大的农场主资金实力雄厚,信息来源充足,可以直接参与期货市场,但大多数农民则是通过合作社的形式间接参与期货市场。据统计,美国目前有近2000个谷物合作社,控制了国内谷物销售量的60%。农民一般预先和合作社签订合同,将粮食按某一约定价格销售给合作社,合作社则通过期货市场规避价格风险。

农民利用期货市场的关键是把分散的农民组织起来参与期货市场,从而解决小生产同大市场之间的矛盾。我国农民无论从知识层次上,还是资金实力上，都不具有直接参与期货市场的条件。因此，我们可以借鉴国外经验，根据当地的资源优势和农业发展的特点，鼓励农民成立各种不同类型的农产品期货合作组织，由农民自己经营管理，把分散的农民组织起来。合作社可以帮助农民利用期货市场规避风险，并为农民提供更多的市场信息和有价值的建议。

十二、中国工合国际

中国工合国际委员会（International Committee for the Promotion of Chinese Industrial Cooperatives，ICCIC），是国内现存历史最悠久的全国性社会组织和国际性社团组织。当年为支援中国人民抗日战争，争取海外援助，促进中国工业合作社运动，宋庆龄与国际友人发起，1939年在香港成立中国工合国际委员会。1952年因全国合作总社成立等原因，工合国际停止活动。1987年为配合国家改革开放发展战略而恢复，1988年党中央明确规定工合国际统战等工作由中共中央统战部指导，主要从事促进城乡合作社发展、促进国内外合作事业、扶贫、妇女培训、生态环境、灾后重建等社会公益事业。

组织的宗旨是：促进城乡合作社的发展，通过合作社实现经济与社会公平，缩小贫富差距，建设和谐社会。具体任务包括：宣传和推行国际通行的合作社原则，探索适合中国国情的合作社发展道路；促进各种类型和各种形式的合作社组织的发展；推动合作社法规、政策的调整和完善，为合作社发展营造良好的政策和法律环境；开展合作社教育和培训；提供合作社咨询服务，促进合作社支持系统的建立和发展；支持合作社理论与实践的研究；加强国际联系，促进国内外合作社交流与合作，争取对中国合作社发展的国际支援；关注和致力于减少贫困、妇女参与、生态环境保护、灾后救助、食品安全和行业自律等公益事业。

在促进合作社规范化建设中，工合国际在北京市平谷区和密云区的20个合作社，开展了合作社民主参与式评估的示范推广；在山西省晋中市和寿阳县的10个合作社，开展合作社规范化建设指导和培训。

附录一　农民专业合作社相关政策

1.《村合作经济组织财务制度(试行)》(财农字[1996]50号)。

2.《农民专业合作组织示范项目资金管理暂行办法》(农财发[2004]5号)。

3.《2004年农民专业合作组织示范项目指南》(农办财[2004]20号)。

4.《浙江省农民专业合作社条例》浙江省第十届人民代表大会常务委员会公告第38号。

5.《黑龙江省农业机械管理条例》黑龙江省第十届人民代表大会常务委员会公告第16号。

6.《财政部办公厅关于做好2005年中央财政支持农民专业合作组织工作的通知》(财办农[2005]22号)。

7.《中华人民共和国农民专业合作社法》(中华人民共和国主席令第57号)。

8.《农民专业合作社示范章程》(中华人民共和国农业部令第4号)。

9.《农民专业合作社登记管理条例》(中华人民共和国国务院令第498号)。

10.《中共中央　国务院关于切实加强农业基础建设进一步促进农业发展农民增收的若干意见》(中发[2008]1号)。

11.《农业部办公厅关于印发〈农机专业合作社示范章程〉和〈农机社会化服务作业合同〉的通知》(农办机[2007]33号)。

12.《中共中央关于推进农村改革发展若干重大问题的决定》(中发[2008]16号)。

13.《关于做好当前农村土地承包经营权流转管理和服务工作的通知》(农经发[2008]10号)。

14.《财政部　国家税务总局关于农民专业合作社有关税收政策的通知》(财税[2008]81号)。

15.《农业部关于加快发展农机专业合作社的意见》(农机发[2009]6号)。

16.《农业部关于推进农业经营体制机制创新的意见》(农经发[2009]11号)。

17.《中共中央 国务院关于加大统筹城乡发展力度 进一步夯实农业农村发展基础的若干意见》（中发〔2010〕1号）。

18.《农业部办公厅关于做好2010年全国农业机械化示范区建设工作的意见》（农办机〔2010〕22号）。

19.《国务院关于大力推进信息化发展和切实保障信息安全的若干意见》（国发〔2012〕23号）。

20.《中国农村扶贫开发纲要（2011—2020）》（中发〔2011〕10号）。

21.《中共中央 国务院关于加快发展现代农业进一步增强农村发展活力的若干意见》（中发〔2013〕1号）。

22.《国务院关于同意建立全国农民专业合作社发展部联席会议制度的批复》（国函〔2013〕84号）。

23.《工商总局 农业部关于进一步做好农民专业合作社登记与相关管理工作的意见》（工商个字〔2013〕199号）。

24.《国家农民专业合作社示范社评定及监测暂行办法》（农经发〔2013〕10号）。

25.《农业部关于促进家庭农场发展的指导意见》（农经发〔2014〕1号）。

26.《国务院办公厅关于金融服务"三农"发展的若干意见》（国办发〔2014〕17号）。

27.《农业部 中央农办 国土资源部 国家工商总局关于加强对工商资本租赁农地监管和风险防范的意见》（农经发〔2015〕3号）。

28.《农业部关于开展农民专业合作社示范社监测工作的通知》（农经办〔2015〕5号）。

29.《中共中央 国务院关于落实发展新理念加快农业现代化实现全面小康目标的若干意见》（中发〔2016〕1号）。

30.《开展农民专业合作社"空壳社"专项清理工作方案》（中农发〔2019〕3号）。

31.《农民专业合作社解散、破产清算时接受国家财政直接补助形成的财产处置暂行办法》（财资〔2019〕25号）。

32.《关于金融支持新型农业经营主体发展的意见》（银发〔2021〕133号）。

附录二　国家有关农村金融重大文件和法规演变

1951年，中国人民银行：《农村信用合作社章程准则》《农村信用互助小组公约》。

1979年，国务院：《关于恢复农业银行的通知》。

1981年，国务院：《中国农业银行关于农村借贷问题的报告》。

1982年，中共中央一号文件：《全国农村工作会议纪要》。

1983年，中共中央一号文件：《当前农村经济政策的若干问题》。

1984年，国务院：《中国农业银行关于改革信用社管理体制的报告》。

1984年，中共中央一号文件：《关于1984年农村工作的通知》。

1985年，中共中央一号文件：《关于进一步活跃农村经济的十项政策》。

1986年，中共中央一号文件：《中共中央、国务院关于1986年农村工作的部署》。

1990年，中国共产党第十三届中央委员会第八次全体会议：《中共中央关于进一步加强农业和农村工作的决定》。

1996年，国务院：《关于农村金融体制改革的决定》。

1997年，国务院：《关于金融体制改革的决定》。

1997年，国务院：《关于农村金融体制改革的决定》。

2003年，中共中央一号文件：《关于全面推进农村税费改革试点的意见》。

2003年，国务院：《深化农村信用社改革试点方案》（国发[2003]15号）。

2004年，中共中央一号文件：《中共中央　国务院关于促进农民增加收入若干政策的意见》。

2005年，中共中央一号文件：《中共中央　国务院关于进一步加强农村工作提高农业综合生产能力若干政策的意见》。

2005年，国务院：《关于2005年经济体制改革意见》。

2006年,中共中央一号文件:《关于推进社会主义新农村建设的若干意见》(引导农户发展资金互助组织)。

2006年,银监会:《调整放宽农村地区银行业金融机构准入政策的若干意见》。

2007年,《关于积极发展现代农业扎实推进社会主义新农村建设的若干意见》。

2008年,《关于切实加强农业基础设施建设进一步促进农业发展农民增收的若干意见》。

2009年,中央一号文件:《关于2009年促进农业稳定发展农民持续增收的若干意见》(加快发展多种形式的新型农村金融组织)。

2010年,中央一号文件:《关于加大统筹城乡发展力度进一步夯实农业农村发展基础的若干意见》(加快培育农村资金互助社,有序发展小额贷款组织,设立适应"三农"需要的各类新型金融组织)。

2011年,中央一号文件:《关于加快水利改革发展的决定》。

2012年,银监会:《关于农村中小金融机构实施富民惠农金融创新工程的指导意见》(银监办发〔2012〕189号)。

2012年,银监会:《关于农村中小金融机构实施金融服务进村入社区工程的指导意见》(银监办发〔2012〕190号)。

2012年,银监会:《关于农村中小金融机构实施阳光信贷工程的指导意见》(银监办发〔2012〕191号)。

2012年,银监会:《农户贷款管理办法》(银监发〔2012〕50号)。

2012年,银监会:《关于做好老少边穷地区农村金融服务工作有关事项的通知》(银监办发〔2012〕330号)。

2012年,中共中央 国务院:《关于加快发展现代农业 进一步增强农村发展活力的若干意见》。

2012年,中共中央一号文件:《关于加快推进农业科技创新,持续增强农产品供给保障能力的若干意见》。

2013年,中共中央一号文件:《关于加快发展现代农业进一步增强农村发展活力的若干意见》。

2013年,国务院办公厅:《关于落实中共中央 国务院关于加快发展现代农业进一步增强农村发展活力若干意见有关政策措施分工的通知》(国办函〔2013〕34号)。

2013年,银监会:《关于做好2013年农村金融服务工作的通知》(银监办发

附录二 国家有关农村金融重大文件和法规演变

〔2013〕51号）。

2013年，银监会：《关于中小商业银行设立社区支行、小微支行有关事项的通知》。

2013年，银监会：《关于持续深入推进支农服务"三大工程"的通知》（银监办发〔2013〕81号）。

2014年，中共中央一号文件：《关于全面深化农村改革加快推进农业现代化的若干意见》。

2014年，银监会：《关于修订完善农村中小金融机构行政许可事项实施办法》。

2014年，银监会：《关于做好2014年农村金融服务工作的通知》（银监办发〔2014〕42号）。

2014年，国务院：《关于金融服务"三农"发展的若干意见》（国办发〔2014〕17号）。

2014年，银监会：《关于推进基础金融服务"村村通"的指导意见》（银监办发〔2014〕222号）。

2014年，银监会：《关于进一步促进村镇银行健康发展的指导意见》（银监发〔2014〕46号）。

2014年，银监会：《关于鼓励和引导民间资本参与农村信用社产权改革工作的通知》（银监发〔2014〕45号）。

2014年，银监会：《加强农村商业银行"三农"金融服务机制建设监管指引的通知》（银监办发〔2014〕287号）。

2015年，中共中央一号文件：《关于加大改革创新力度加快农业现代化建设的若干意见》。

2015年，国务院：《关于深化供销合作社综合改革的决定》。

2015年，银监会：《关于做好2015年农村金融服务工作的通知》（银监办发〔2015〕30号）。

2015年，国务院：《关于推进普惠金融发展规划（2016—2020年）》。

2016年，中共中央一号文件：《关于落实发展新理念加快农业现代化实现全面小康目标的若干意见》。

2016年，银监会：《关于做好2016年农村金融服务工作的通知》。

2016年，全国两会：《第十三个五年规划纲要》。

2016年12月,中共中央 国务院《关于深入推进农业供给侧结构性改革加快培育农业农村发展新动能的若干意见》(2017年中央一号文件):抓紧研究制定农村信用社省联社改革方案。

2017年7月,第五次全国金融工作会议。

2017年10月,中国共产党第十九次全国代表大会。

2018年1月,《中共中央 国务院关于实施乡村振兴战略的意见》(2018年中央一号文件):推动农村信用社省联社改革,保持农村信用社县域法人地位和数量总体稳定。

2018年3月,两会《政府工作报告》:推动重大风险防范化解取得明显进展。

2019年1月,《中共中央 国务院关于坚持农业农村优先发展,做好"三农"工作的若干意见》(2019年中央一号文件):推动农商行、农合行、农村信用社逐步回归本源,为本地"三农"服务。

2020年1月2日,《中共中央 国务院关于抓好"三农"领域重点工作确保如期实现全面小康的意见》(2020年中央一号文件):深化农村信用社改革,坚持县域法人地位。加强考核引导,合理提升资金外流严重县的存贷比。

2020年1月2日至3日,中国人民银行工作会议在北京召开,会议部署2020年重点工作之一:深化中小银行和农信社改革。

2020年7月20日,中国银保监会召开2020年年中工作座谈会暨纪检监察工作(电视电话)会议,总结上半年工作,研究分析当前形势,安排下半年重点任务:加快推进中小银行改革,稳步推进农村信用社改革,因地制宜、分类施策,保持地方金融组织体系完整性,尤其要保持农信社、农商行县域法人地位总体稳定。

2021年1月2日,《中共中央 国务院关于抓好"三农"领域重点工作确保如期实现全面小康的意见》(2021年中央一号文件):深化农村信用社改革,坚持县域法人地位。加强考核引导,合理提升资金外流严重县的存贷比。

2022年2月22日,《中共中央 国务院关于做好2022年全面推进乡村振兴重点工作的意见》,即2022年中央一号文件:加快农村信用社改革,完善省(自治区)农村信用社联合社治理机制,稳妥化解风险。对机构法人在县域、业务在县域、资金主要用于乡村振兴的地方法人金融机构,加大支农支小再贷款、再贴现支持力度,实施更加优惠的存款准备金政策。

参考文献

[1]国家统计局网站 http://www.stats.gov.cn.

[2]国家工商行政管理总局网站 http://www.saic.gov.cn.

[3]农业农村部网站 http://www.moa.gov.cn.

[4]中国农民专业合作社研究网站 http://www.ccfc.zju.edu.cn.

[5]中国合作经济学会网站 http://www.chinacoop.org.

[6]中华供销合作网站 http://www.chinacoop.gov.cn/.

[7]中华合作时报 http://www.zh-hz.com/.

[8]中国人民银行 http://www.pbc.gov.cn/.

[9]中国银行保险监督管理委员会 http://www.cbirc.gov.cn/.

[10]中华供销合作总社 http://www.chinacoop.gov.cn/.

[11]中华人民共和国国家统计局 http://www.stats.gov.cn/.

[12]中华人民共和国农业部 http://www.moa.gov.cn/.

[13]中华人民共和国国家工商行政管理总局 http://www.saic.gov.cn/.

[14]中华人民共和国国务院 http://www.gov.cn/guowuyuan/.

[15]杜志雄,赵黎,崔红志.跨村联建、村企共建:农村基层党组织创新与发展的实践探索[J].中共中央党校(国家行政学院)学报,2022,26(1).

[16]鲁杰,王帅.乡村振兴战略背景下农村基层党组织的定位、困境与发展[J].西北农林科技大学学报(社会科学版),2021,21(6).

[17]程金桥,侯艳.安徽黄山市供销社综合改革的路径选择与发展模式研究[J].中国合作经济,2021(Z1).

[18]中华全国手工业合作总社网站 http://www.chicoop.org.

[19]中国工合国际委员会网站 http://www.gungho.org.cn.

[20]邓宏图等.从合作社转向合作联社:市场扩展下龙头企业和农户契约选

择的经济逻辑[J].管理世界,2020(9).

[21]尚虎平,黄六招.新中国农村合作医疗参合率变迁研究[J].中国农村经济,2020(7).

[22]供销史话:全国第一个消费合作社 http://www.oldkids.cn/blog/.